DIE KUNST, ZU HAUSE VEGANES BROT ZU BACKEN

Ein veganer Ansatz für selbstgebackenes Brot anhand von 100 Rezepten

Emma König

Urheberrechtliches Material ©2024

Alle Rechte vorbehalten

Kein Teil dieses Buches darf ohne die entsprechende schriftliche Zustimmung des Herausgebers und Urheberrechtsinhabers in irgendeiner Form oder auf irgendeine Weise verwendet oder übertragen werden, mit Ausnahme von kurzen Zitaten, die in einer Rezension verwendet werden. Dieses Buch sollte nicht als Ersatz für medizinische, rechtliche oder andere professionelle Beratung betrachtet werden.

INHALTSVERZEICHNIS

INHALTSVERZEICHNIS 3

EINFÜHRUNG 7

PORTUGIESISCHES BROT 8

    1. Bola De Carne 9

    2. Broa De Milho 12

    3. Pão Alentejano 15

    4. Papo-Seco oder Carcaça 18

    5. Pão De Mafra 21

    6. Broa De Avintes 24

    7. Pão De Centeio 27

    8. Broa De Avintes 30

    9. Pão De Água 32

    10. Pão De Batata 34

    11. Pão von Mealhada 36

    12. Pão De Alfarroba 38

    13. Pão De Rio Maior 40

    14. Pão De Centeio 42

    15. Regueifa 44

SPANISCHES BROT 47

    16. Pan Con Tomate 48

    17. Pan Rustico 50

    18. Pan De Payés 53

    19. Pan Gallego 55

    20. Pan Cubano 58

    21. Pan De Alfacar 60

    22. Pan Cateto 63

    23. Pan De Cruz 66

    24. Pataqueta 69

    25. Telera 72

    26. Llonguet 75

    27. Boroña 78

    28. Pistole 81

    29. Regañao 84

30. Torta De Aranda 87
31. Txantxigorri 90
32. Pan De Semillas 93
33. Oreja 96

GRIECHISCHES BROT 98

34. Lagana 99
35. Horiatiko Psomi 102
36. Ladeni 105
37. Psomi Pita 108
38. Psomi Spitiko 111
39. Koulouri Thessalonikis 113
40. Artos 116
41. Zea 118
42. Zwieback 121
43. Batzina 124
44. Psomi Tou Kyrion 126
45. Xerotigana 129

FRANZÖSISCHES BROT 132

46. Stangenbrot 133
47. Baguettes Au Levain 137
48. Pain d'Épi 139
49. Pain d'Épi Aux Herbes 143
50. Fouée 147
51. Fougasse 150
52. Fougasse à l'Ail 153
53. Fougasse Au Romarin 155
54. Pain De Campagne 158
55. Boule De Pain 162
56. La Petite Boule De Pain 166
57. Schmerz abgeschlossen 169
58. Pain Aux Noix 172
59. Gibassier 176
60. Pain Au Son 178
61. Faluche 180
62. Pain De Seigle 183

63. Miche 186

ITALIENISCHES BROT 189

64. Grissini Alle Erbe 190
65. Pane Pugliese 192
66. Grissini 195
67. Pane Pita 197
68. Pane Al Farro 199
69. Focaccia 202
70. Focaccia di Mele 205
71. Schiacciata 208
72. Pane Di Altamura 211
73. Pane Casareccio 214
74. Pane Toscano 217
75. Pane Di Semola 219
76. Pane Al Pomodoro 221
77. Pane Alle Olive 224
78. Pane Alle Noci 227
79. Pane Alle Erbe 229
80. Pane Di Riso 232
81. Pane Di Ceci 234
82. Pane Di Patate 236
83. Taralli 239

TÜRKISCHES BROT 242

84. Simit 243
85. Ekmek 246
86. Lahmacun 248
87. Bazlama 251
88. Sırıklı Ekmek 254
89. Lavaş 257
90. Acı Ekmeği 260
91. Peksimet 263
92. Cevizli Ekmek 265
93. Yufka 268
94. Pide Ekmek 271
95. Vakfıkebir Ekmeği 274

96. KARADENIZ YÖRESI EKMEĞI 277
97. KÖY EKMEĞI 280
98. TOST EKMEĞI 283
99. KAŞARLI EKMEK 286
100. KETE 289

ABSCHLUSS **292**

EINFÜHRUNG

Willkommen bei „DIE KUNST, ZU HAUSE VEGANES BROT ZU BACKEN", einem kulinarischen Abenteuer, bei dem wir die Welt des veganen Backens anhand von 100 köstlichen Brotrezepten erkunden. Dieses Kochbuch ist Ihr Leitfaden für die Zubereitung von köstlichem, pflanzlichem Brot ganz bequem in Ihrer eigenen Küche. Begleiten Sie uns auf einer Reise, die die Kunst des veganen Brotbackens zelebriert, vom Duft des aufgehenden Teigs bis hin zum Vergnügen, ein frisch gebackenes Brot zu genießen.

Stellen Sie sich eine Küche vor, in der es nach warmem Brot, goldener Kruste und gesunden Zutaten duftet, die zu Ihrem veganen Lebensstil passen. „Die Kunst, veganes Brot zu Hause zu backen" ist nicht nur eine Rezeptsammlung; Es ist eine Erkundung der Techniken, Aromen und Freude, die mit der Herstellung von veganem Brot einhergehen. Egal, ob Sie ein erfahrener Bäcker oder jemand sind, der neu in der Welt des Veganismus ist, diese Rezepte sollen Sie dazu inspirieren, köstliche und tierversuchsfreie Brote zuzubereiten.

Von klassischen Sandwichbroten bis hin zu handwerklich hergestellten Sauerteigen und von süßen Frühstücksleckereien bis hin zu herzhaften Brötchen – jedes Rezept ist eine Hommage an die Vielseitigkeit und Kreativität, die veganes Backen bietet. Ganz gleich, ob Sie zum Frühstück, Mittag- oder Abendessen backen oder einen köstlichen Snack zubereiten, dieses Kochbuch ist Ihre Anlaufstelle, um Ihre Fähigkeiten im veganen Brotbacken zu verbessern.

Tauchen Sie mit uns in die Kunst des veganen Brotes ein, wobei jedes Rezept ein Beweis für die Möglichkeiten und Köstlichkeiten ist, die sich aus der Kombination pflanzlicher Zutaten ergeben. Sammeln Sie also Mehl, Hefe und vegane Zutaten, genießen Sie die Freude am Backen und begeben Sie sich auf eine kulinarische Reise durch „Die Kunst, veganes Brot zu Hause zu backen".

PORTUGIESISCHES BROT

1.Bola De Carne

ZUTATEN:
FÜR DEN TEIG:
- 4 Tassen Brotmehl
- 10g Salz
- 10g Zucker
- 7 g Instant-Trockenhefe
- 250 ml warmes Wasser
- 2 Esslöffel Olivenöl

FÜR DIE FÜLLUNG:
- 300g Rinderhackfleisch (oder eine Mischung aus Rind- und Schweinefleisch)
- 1 kleine Zwiebel, fein gehackt
- 2 Knoblauchzehen, gehackt
- 1 kleine Karotte, fein gerieben
- 1 Esslöffel Tomatenmark
- 1 Teelöffel Paprika
- Salz und Pfeffer nach Geschmack
- Gehackte frische Petersilie (optional)

ANWEISUNGEN:
a) In einer großen Rührschüssel Brotmehl, Salz und Zucker vermischen.
b) In einer separaten kleinen Schüssel die Instant-Trockenhefe in warmem Wasser auflösen. Lassen Sie es etwa 5 Minuten ruhen, bis es schaumig wird.
c) Die Hefemischung mit der Mehlmischung in die Schüssel geben. Fügen Sie das Olivenöl hinzu. Gut vermischen, bis alle Zutaten gut vermischt sind und ein klebriger Teig entsteht.
d) Geben Sie den Teig auf eine leicht bemehlte Fläche und kneten Sie ihn etwa 10 Minuten lang, bis er glatt und elastisch ist.
e) Geben Sie den Teig zurück in die Rührschüssel, decken Sie ihn mit einem sauberen Küchentuch oder einer Plastikfolie ab und lassen Sie ihn an einem warmen Ort etwa 1 bis 2 Stunden lang gehen, oder bis er sein Volumen verdoppelt hat.
f) Während der Teig geht, bereiten Sie die Füllung vor. In einer Pfanne etwas Olivenöl bei mittlerer Hitze erhitzen. Die gehackte

Zwiebel und den gehackten Knoblauch dazugeben und anbraten, bis sie glasig werden.

g) Das Hackfleisch (oder die Mischung aus Rind- und Schweinefleisch) in die Pfanne geben und braten, bis es braun ist. Geriebene Karotte, Tomatenmark, Paprika, Salz und Pfeffer hinzufügen. Gut umrühren, um alle Zutaten zu vermischen. Noch ein paar Minuten kochen lassen, bis sich die Aromen vermischen. Vom Herd nehmen und abkühlen lassen.

h) Sobald der Teig aufgegangen ist, geben Sie ihn auf eine bemehlte Oberfläche und teilen Sie ihn in zwei gleiche Portionen.

i) Nehmen Sie eine Portion Teig und rollen Sie ihn kreisförmig oder oval aus, etwa ¼ Zoll dick.

j) Die Hälfte der Fleischfüllung auf dem ausgerollten Teig verteilen, dabei an den Rändern einen kleinen Rand frei lassen.

k) Rollen Sie die zweite Teigportion in eine ähnliche Form aus, legen Sie sie auf die Fleischfüllung und verschließen Sie die Ränder miteinander. Sie können die Ränder mit den Fingern zusammendrücken oder mit einer Gabel zusammendrücken.

l) Heizen Sie Ihren Backofen auf 200 °C (400 °F) vor.

m) Übertragen Sie die fertige Bola de Carne auf ein mit Backpapier ausgelegtes Backblech. Machen Sie ein paar flache Schnitte auf der Oberseite des Brotes, damit der Dampf beim Backen entweichen kann.

n) Backen Sie die Bola de Carne im vorgeheizten Ofen etwa 30 bis 35 Minuten lang oder bis sie außen goldbraun ist und beim Klopfen auf den Boden hohl klingt.

o) Nehmen Sie die Bola de Carne aus dem Ofen und lassen Sie sie etwas abkühlen, bevor Sie sie in Scheiben schneiden und servieren.

2.Broa De Milho

ZUTATEN:
- 250 g Maismehl (feiner oder mittlerer Mahlgrad)
- 250g Weizenmehl
- 10g Salz
- 10g Zucker
- 10 g aktive Trockenhefe
- 325 ml warmes Wasser
- Olivenöl zum Einfetten

ANWEISUNGEN:

a) In einer großen Rührschüssel Maismehl, Weizenmehl, Salz und Zucker vermischen.

b) In einer separaten Schüssel die Hefe in warmem Wasser auflösen und etwa 5 Minuten ruhen lassen, bis sie schaumig wird.

c) Gießen Sie die Hefemischung mit Maismehl und Mehl in die Schüssel. Gut vermischen, bis alle Zutaten gut vermischt sind und ein klebriger Teig entsteht.

d) Decken Sie die Schüssel mit einem sauberen Küchentuch oder einer Plastikfolie ab und lassen Sie den Teig an einem warmen Ort etwa 1 bis 2 Stunden lang gehen, oder bis er sein Volumen verdoppelt hat.

e) Heizen Sie Ihren Backofen auf 200 °C (400 °F) vor und fetten Sie ein Backblech ein oder legen Sie es mit Backpapier aus.

f) Sobald der Teig aufgegangen ist, formen Sie ihn vorsichtig zu einem runden oder ovalen Laib und legen Sie ihn auf das vorbereitete Backblech.

g) Decken Sie den Laib mit einem sauberen Küchentuch ab und lassen Sie ihn weitere 30 Minuten gehen.

h) Nach dem zweiten Aufgehen mit einem scharfen Messer oder einer Rasierklinge ein paar flache Schnitte auf der Oberseite des Laibs machen. Dies trägt dazu bei, dass sich das Brot beim Backen ausdehnt.

i) Legen Sie das Backblech in den vorgeheizten Ofen und backen Sie das Brot etwa 30 bis 35 Minuten lang oder bis es außen goldbraun ist und beim Klopfen auf den Boden hohl klingt.

j) Sobald die Broa de Milho gebacken ist, nehmen Sie sie aus dem Ofen und lassen Sie sie auf einem Kuchengitter abkühlen, bevor Sie sie in Scheiben schneiden und servieren.

3.Pão Alentejano

ZUTATEN:
- 4 Tassen starkes Brotmehl
- 350 ml warmes Wasser
- 10g Salz
- 5g aktive Trockenhefe

ANWEISUNGEN:

a) In einer großen Rührschüssel Brotmehl und Salz vermischen.

b) In einer separaten Schüssel die Hefe in warmem Wasser auflösen und etwa 5 Minuten ruhen lassen, bis sie schaumig wird.

c) Die Hefemischung mit Mehl und Salz in die Schüssel geben. Gut umrühren, bis die Zutaten vollständig vermischt sind und ein klebriger Teig entsteht.

d) Decken Sie die Schüssel mit einem sauberen Küchentuch oder einer Plastikfolie ab und lassen Sie den Teig an einem warmen Ort etwa 1 bis 2 Stunden lang gehen, oder bis er sein Volumen verdoppelt hat. Dadurch kann die Hefe gären und Geschmack entwickeln.

e) Nachdem der Teig aufgegangen ist, heizen Sie Ihren Backofen auf 220 °C (425 °F) vor.

f) Eine saubere Arbeitsfläche leicht bemehlen und den Teig darauf ausrollen. Den Teig etwa 10 Minuten lang kneten, bis er glatt und elastisch wird.

g) Den Teig zu einem runden Laib formen und auf ein mit Backpapier ausgelegtes Backblech oder eine gefettete Auflaufform legen.

h) Decken Sie den Laib mit einem sauberen Küchentuch ab und lassen Sie ihn weitere 30 Minuten gehen.

i) Sobald der Teig wieder aufgegangen ist, mit einem scharfen Messer oder einer Rasierklinge ein paar schräge Schnitte auf der Oberseite des Laibs machen. Dadurch kann sich das Brot beim Backen ausdehnen.

j) Legen Sie das Backblech in den vorgeheizten Ofen und backen Sie das Brot etwa 30 bis 35 Minuten lang oder bis es goldbraun wird und hohl klingt, wenn Sie auf den Boden klopfen.

k) Sobald das Brot gebacken ist, nehmen Sie es aus dem Ofen und lassen Sie es auf einem Kuchengitter abkühlen, bevor Sie es in Scheiben schneiden und servieren.

l) Genießen Sie Ihr hausgemachtes Pão Alentejano!

4. Papo-Seco oder Carcaça

ZUTATEN:
- 4 Tassen Brotmehl
- 10g Salz
- 10g Zucker
- 7 g Instant-Trockenhefe
- 300 ml warmes Wasser
- Olivenöl
- Extra Mehl zum Bestäuben

ANWEISUNGEN:
a) In einer großen Rührschüssel Brotmehl, Salz, Zucker und Instant-Trockenhefe vermischen.
b) Geben Sie nach und nach das warme Wasser zu den trockenen Zutaten und rühren Sie dabei mit einem Holzlöffel oder Spatel um.
c) Mischen Sie weiter, bis der Teig zusammenkommt und sich nur noch schwer rühren lässt.
d) Geben Sie den Teig auf eine leicht bemehlte Fläche und kneten Sie ihn etwa 10 Minuten lang, bis er glatt und elastisch ist.
e) Den Teig zu einer Kugel formen und zurück in die Rührschüssel geben. Etwas Olivenöl über den Teig träufeln und ihn wenden, sodass er gleichmäßig mit Öl bedeckt ist.
f) Decken Sie die Schüssel mit einem sauberen Küchentuch oder einer Plastikfolie ab und lassen Sie den Teig an einem warmen Ort etwa 1 bis 2 Stunden lang gehen, oder bis er sein Volumen verdoppelt hat.
g) Sobald der Teig aufgegangen ist, schlagen Sie ihn durch, um die Luft herauszulassen, und geben Sie ihn zurück auf die bemehlte Oberfläche.
h) Teilen Sie den Teig in kleinere Portionen mit einem Gewicht von jeweils etwa 70–80 g auf, je nach gewünschter Größe der Brötchen.
i) Formen Sie jede Portion zu einer runden Kugel, indem Sie die Ränder nach unten falten und sie mit der Handfläche auf der Oberfläche rollen.
j) Legen Sie die geformten Brötchen auf ein mit Backpapier ausgelegtes Backblech und lassen Sie zwischen ihnen etwas Platz zum Ausdehnen.

k) Decken Sie das Backblech mit einem sauberen Küchentuch ab und lassen Sie die Brötchen weitere 30 Minuten gehen.
l) Heizen Sie Ihren Backofen auf 220 °C (425 °F) vor.
m) Sobald die Brötchen aufgegangen sind, machen Sie mit einem scharfen Messer oder einer Rasierklinge ein paar diagonale Schnitte auf der Oberseite jedes Brötchens.
n) Legen Sie das Backblech in den vorgeheizten Backofen und backen Sie die Brötchen etwa 15 bis 20 Minuten lang oder bis sie goldbraun werden und beim Klopfen auf den Boden hohl klingen.
o) Sobald Papo-seco oder Carcaça gebacken sind, nehmen Sie sie aus dem Ofen und lassen Sie sie vor dem Servieren auf einem Kuchengitter abkühlen.
p) Genießen Sie Ihr hausgemachtes Papo-seco oder Carcaça! Sie eignen sich perfekt für Sandwiches oder werden zu Ihren Lieblingsgerichten serviert.

5.Pão De Mafra

ZUTATEN:
- 1 kg Brotmehl
- 20g Salz
- 20g Zucker
- 20g frische Hefe
- 700 ml warmes Wasser
- Olivenöl
- Extra Mehl zum Bestäuben

ANWEISUNGEN:

a) In einer großen Rührschüssel Brotmehl, Salz und Zucker vermischen.

b) In einer separaten kleinen Schüssel die frische Hefe in etwas warmem Wasser auflösen. Wenn Sie aktive Trockenhefe verwenden, lösen Sie diese in einer kleinen Menge warmem Wasser mit einer Prise Zucker auf und lassen Sie sie 5 Minuten lang ruhen, bis sie schaumig wird.

c) Machen Sie eine Mulde in die Mitte der Mehlmischung und gießen Sie die aufgelöste Hefemischung hinein.

d) Geben Sie nach und nach das warme Wasser in die Schüssel und rühren Sie dabei mit einem Holzlöffel oder Spatel um. Weiter mixen, bis der Teig zusammenkommt.

e) Geben Sie den Teig auf eine leicht bemehlte Oberfläche und kneten Sie ihn etwa 10–15 Minuten lang, bis er glatt, elastisch und leicht klebrig wird.

f) Den Teig zu einer Kugel formen und zurück in die Rührschüssel geben. Etwas Olivenöl über den Teig träufeln und ihn wenden, sodass er gleichmäßig mit Öl bedeckt ist.

g) Decken Sie die Schüssel mit einem sauberen Küchentuch oder einer Plastikfolie ab und lassen Sie den Teig an einem warmen Ort etwa 2 bis 3 Stunden lang gehen, oder bis er sein Volumen verdoppelt hat.

h) Sobald der Teig aufgegangen ist, schlagen Sie ihn durch, um die Luft herauszulassen, und geben Sie ihn zurück auf die bemehlte Oberfläche.

i) Teilen Sie den Teig in zwei gleiche Portionen und formen Sie jede Portion zu einem runden oder ovalen Laib. Legen Sie die Brote auf ein mit Backpapier ausgelegtes Backblech.

j) Decken Sie das Backblech mit einem sauberen Küchentuch ab und lassen Sie die Brote weitere 30 bis 60 Minuten gehen.

k) Heizen Sie Ihren Backofen auf 230 °C (450 °F) vor.

l) Sobald die Brote aufgegangen sind, machen Sie mit einem scharfen Messer oder einer Rasierklinge ein paar diagonale Schnitte auf der Oberseite jedes Brotes.

m) Legen Sie das Backblech in den vorgeheizten Ofen und backen Sie die Brote etwa 25 bis 30 Minuten lang oder bis sie goldbraun werden und hohl klingen, wenn Sie auf den Boden klopfen.

n) Sobald der Pão de Mafra gebacken ist, nehmen Sie die Brote aus dem Ofen und lassen Sie sie auf einem Kuchengitter abkühlen, bevor Sie sie in Scheiben schneiden und servieren.

6.Broa De Avintes

ZUTATEN:
- 250 g Maismehl (feiner oder mittlerer Mahlgrad)
- 250g Weizenmehl
- 10g Salz
- 10g Zucker
- 7g aktive Trockenhefe
- 325 ml warmes Wasser
- Olivenöl zum Einfetten

ANWEISUNGEN:

a) In einer großen Rührschüssel Maismehl, Weizenmehl, Salz und Zucker vermischen.

b) In einer separaten kleinen Schüssel die aktive Trockenhefe in warmem Wasser auflösen. Lassen Sie es etwa 5 Minuten ruhen, bis es schaumig wird.

c) Gießen Sie die Hefemischung mit Maismehl und Mehl in die Schüssel. Gut vermischen, bis alle Zutaten gut vermischt sind und ein klebriger Teig entsteht.

d) Decken Sie die Schüssel mit einem sauberen Küchentuch oder einer Plastikfolie ab und lassen Sie den Teig an einem warmen Ort etwa 1 bis 2 Stunden lang gehen, oder bis er sein Volumen verdoppelt hat.

e) Heizen Sie Ihren Backofen auf 200 °C (400 °F) vor und fetten Sie ein Backblech ein oder legen Sie es mit Backpapier aus.

f) Sobald der Teig aufgegangen ist, formen Sie ihn vorsichtig zu einem runden oder ovalen Laib und legen Sie ihn auf das vorbereitete Backblech.

g) Decken Sie den Laib mit einem sauberen Küchentuch ab und lassen Sie ihn weitere 30 Minuten gehen.

h) Nach dem zweiten Aufgehen mit einem scharfen Messer oder einer Rasierklinge ein paar flache Schnitte auf der Oberseite des Laibs machen. Dies trägt dazu bei, dass sich das Brot beim Backen ausdehnt.

i) Legen Sie das Backblech in den vorgeheizten Ofen und backen Sie das Brot etwa 30 bis 35 Minuten lang oder bis es außen goldbraun ist und beim Klopfen auf den Boden hohl klingt.

j) Sobald die Broa de Avintes gebacken ist, nehmen Sie sie aus dem Ofen und lassen Sie sie auf einem Kuchengitter abkühlen, bevor Sie sie in Scheiben schneiden und servieren.

7.Pão De Centeio

ZUTATEN:
- 250g Roggenmehl
- 250g Brotmehl
- 10g Salz
- 7 g Instant-Trockenhefe
- 325 ml warmes Wasser
- Olivenöl zum Einfetten
- Extra Mehl zum Bestäuben

ANWEISUNGEN:

a) In einer großen Rührschüssel Roggenmehl, Brotmehl und Salz vermischen.

b) In einer separaten kleinen Schüssel die Instant-Trockenhefe in warmem Wasser auflösen. Lassen Sie es etwa 5 Minuten ruhen, bis es schaumig wird.

c) Gießen Sie die Hefemischung mit Mehl und Salz in die Schüssel. Gut vermischen, bis alle Zutaten gut vermischt sind und ein klebriger Teig entsteht.

d) Decken Sie die Schüssel mit einem sauberen Küchentuch oder einer Plastikfolie ab und lassen Sie den Teig an einem warmen Ort etwa 1 bis 2 Stunden lang gehen, oder bis er sein Volumen verdoppelt hat.

e) Heizen Sie Ihren Backofen auf 220 °C (425 °F) vor und fetten Sie ein Backblech ein oder legen Sie es mit Backpapier aus.

f) Sobald der Teig aufgegangen ist, geben Sie ihn auf eine leicht bemehlte Fläche und formen Sie ihn zu einem runden oder ovalen Laib.

g) Den Laib auf das vorbereitete Backblech legen. Machen Sie mit einem scharfen Messer oder einer Rasierklinge ein paar flache Schnitte auf der Oberseite des Laibs.

h) Decken Sie den Laib mit einem sauberen Küchentuch ab und lassen Sie ihn weitere 30 Minuten gehen.

i) Backen Sie das Brot im vorgeheizten Backofen etwa 35 bis 40 Minuten lang oder bis es goldbraun ist und beim Klopfen auf den Boden hohl klingt.

j) Sobald der Pão de Centeio gebacken ist, nehmen Sie ihn aus dem Ofen und lassen Sie ihn auf einem Kuchengitter abkühlen, bevor Sie ihn in Scheiben schneiden und servieren.

8.Broa De Avintes

ZUTATEN:
- 250g Maismehl
- 250g Brotmehl
- 10g Salz
- 7 g Instant-Trockenhefe
- 325 ml warmes Wasser
- Olivenöl zum Einfetten

ANWEISUNGEN:

a) In einer großen Rührschüssel Maismehl, Brotmehl, Salz und Instant-Trockenhefe vermischen.

b) Unter Rühren nach und nach das warme Wasser zu den trockenen Zutaten geben. Mischen Sie weiter, bis alle Zutaten gut vermischt sind und ein klebriger Teig entsteht.

c) Geben Sie den Teig auf eine leicht bemehlte Fläche und kneten Sie ihn etwa 10 Minuten lang, bis er glatt und elastisch ist. Bei Bedarf noch mehr Mehl hinzufügen, aber darauf achten, dass der Teig nicht zu trocken wird.

d) Geben Sie den Teig zurück in die Rührschüssel, decken Sie ihn mit einem sauberen Küchentuch oder einer Plastikfolie ab und lassen Sie ihn an einem warmen Ort etwa 1 bis 2 Stunden lang gehen, oder bis er sein Volumen verdoppelt hat.

e) Sobald der Teig aufgegangen ist, heizen Sie Ihren Backofen auf 200 °C (400 °F) vor.

f) Den Teig ausstanzen, um die Luft zu entweichen, und ihn je nach Wunsch zu einem runden Laib oder einzelnen Brötchen formen.

g) Den geformten Teig auf ein mit Backpapier ausgelegtes Backblech legen. Machen Sie ein paar flache Schnitte auf der Oberseite des Brotes, damit es sich beim Backen ausdehnen kann.

h) Decken Sie das Backblech mit einem sauberen Küchentuch ab und lassen Sie den Teig weitere 30 Minuten gehen.

i) Backen Sie die Broa de Avintes im vorgeheizten Ofen etwa 30 bis 35 Minuten lang oder bis sie außen goldbraun ist und beim Klopfen auf den Boden hohl klingt.

j) Nehmen Sie das Brot aus dem Ofen und lassen Sie es vor dem Servieren auf einem Kuchengitter abkühlen.

9. Pão De Água

ZUTATEN:
- 4 Tassen Brotmehl
- 2 Teelöffel Salz
- 2 Teelöffel Instanthefe
- 2 Tassen lauwarmes Wasser

ANWEISUNGEN:
a) In einer großen Schüssel Brotmehl, Salz und Instanthefe vermischen.
b) Nach und nach das lauwarme Wasser hinzufügen und gut verrühren, bis ein weicher Teig entsteht.
c) Den Teig auf eine bemehlte Arbeitsfläche geben und etwa 10 Minuten lang kneten, bis er glatt und elastisch wird.
d) Geben Sie den Teig zurück in die Schüssel, decken Sie ihn mit einem Tuch ab und lassen Sie ihn an einem warmen Ort 1–2 Stunden gehen, bis sich sein Volumen verdoppelt hat.
e) Heizen Sie den Backofen auf 230 °C (450 °F) vor und legen Sie einen Backstein oder ein Backblech auf die mittlere Schiene.
f) Den Teig ausstanzen und zu einem runden oder ovalen Laib formen.
g) Legen Sie den Laib auf ein mit Backpapier ausgelegtes Backblech und lassen Sie ihn weitere 30 Minuten gehen.
h) Machen Sie mit einem scharfen Messer diagonale Schnitte auf der Oberseite des Laibs
i) Übertragen Sie das Backblech auf den vorgeheizten Backstein oder das Backblech im Ofen.
j) Etwa 30–35 Minuten backen oder bis das Brot goldbraun ist und hohl klingt, wenn man auf den Boden klopft.
k) Nehmen Sie es aus dem Ofen und lassen Sie es auf einem Kuchengitter abkühlen, bevor Sie es in Scheiben schneiden und servieren.

10.Pão De Batata

ZUTATEN:
- 2 mittelgroße Kartoffeln, geschält und gewürfelt
- 1 Tasse warmes Wasser
- 2 Esslöffel Olivenöl
- 1 Esslöffel Instanthefe
- 2 Teelöffel Salz
- 4 Tassen Brotmehl

ANWEISUNGEN:
a) Die gewürfelten Kartoffeln in einen Topf geben und mit Wasser bedecken. Kochen, bis die Kartoffeln gabelweich sind.
b) Die gekochten Kartoffeln abgießen und pürieren, bis eine glatte Masse entsteht. Etwas abkühlen lassen.
c) In einer großen Schüssel warmes Wasser, Olivenöl, Instanthefe und Salz vermischen. Gut mischen.
d) Das Kartoffelpüree zur Mischung geben und verrühren, bis alles gut vermischt ist.
e) Nach und nach das Brotmehl dazugeben und gut verrühren, bis ein weicher Teig entsteht.
f) Den Teig auf eine bemehlte Arbeitsfläche geben und etwa 10 Minuten lang kneten, bis er glatt und elastisch ist.
g) Geben Sie den Teig zurück in die Schüssel, decken Sie ihn mit einem Tuch ab und lassen Sie ihn an einem warmen Ort 1–2 Stunden gehen, bis sich sein Volumen verdoppelt hat.
h) Heizen Sie den Backofen auf 190 °C vor und fetten Sie eine Brotform ein.
i) Den Teig ausstanzen und zu einem Laib formen. Legen Sie es in die gefettete Brotform.
j) Decken Sie die Pfanne mit einem Tuch ab und lassen Sie den Teig weitere 30 Minuten gehen.
k) Etwa 30–35 Minuten backen oder bis das Brot goldbraun ist und hohl klingt, wenn man auf den Boden klopft.
l) Nehmen Sie es aus dem Ofen und lassen Sie es auf einem Kuchengitter abkühlen, bevor Sie es in Scheiben schneiden und servieren.

11. Pão von Mealhada

ZUTATEN:
- 4 Tassen Brotmehl
- 1 Päckchen (2 ¼ Teelöffel) aktive Trockenhefe
- 1 Teelöffel Zucker
- 1 Teelöffel Salz
- 2 Tassen warmes Wasser

ANWEISUNGEN:

a) In einer kleinen Schüssel Hefe und Zucker in warmem Wasser auflösen. Lassen Sie es 5 Minuten lang ruhen, bis es schaumig ist.

b) In einer großen Rührschüssel Brotmehl und Salz vermischen.

c) Die Hefemischung zur Mehlmischung geben und gut verrühren, bis ein klebriger Teig entsteht.

d) Den Teig auf eine leicht bemehlte Arbeitsfläche geben und etwa 10 Minuten lang kneten, bis er glatt und elastisch ist. Eventuell müssen Sie noch etwas Mehl hinzufügen, wenn der Teig zu klebrig ist.

e) Geben Sie den Teig in eine gefettete Schüssel, decken Sie ihn mit einem sauberen Küchentuch ab und lassen Sie ihn an einem warmen Ort etwa 1 Stunde lang gehen, bis sich sein Volumen verdoppelt hat.

f) Den Ofen auf 230 °C (450 °F) vorheizen.

g) Den Teig ausstanzen und zu einem runden Laib formen.

h) Den Laib auf ein mit Backpapier ausgelegtes Backblech legen.

i) Machen Sie mit einem scharfen Messer mehrere flache Schnitte auf der Oberseite des Laibs.

j) Lassen Sie den Teig weitere 15 Minuten ruhen.

k) Backen Sie das Brot im vorgeheizten Backofen etwa 20–25 Minuten lang oder bis die Kruste goldbraun ist und das Brot hohl klingt, wenn Sie auf den Boden klopfen.

l) Nehmen Sie das Brot aus dem Ofen und lassen Sie es auf einem Kuchengitter abkühlen, bevor Sie es in Scheiben schneiden.

12.Pão De Alfarroba

ZUTATEN:
- 4 Tassen Brotmehl
- 1 Päckchen (2 ¼ Teelöffel) aktive Trockenhefe
- 1 Teelöffel Zucker
- 1 Teelöffel Salz
- 2 Esslöffel Johannisbrotpulver
- 2 Esslöffel Olivenöl
- 1 ½ Tassen warmes Wasser

ANWEISUNGEN:
a) In einer kleinen Schüssel Hefe und Zucker in warmem Wasser auflösen. Lassen Sie es 5 Minuten lang ruhen, bis es schaumig ist.
b) In einer großen Rührschüssel Brotmehl, Salz und Johannisbrotpulver vermischen.
c) Die Hefemischung und das Olivenöl zur Mehlmischung geben und gut verrühren, bis ein klebriger Teig entsteht.
d) Den Teig auf eine leicht bemehlte Arbeitsfläche geben und etwa 10 Minuten lang kneten, bis er glatt und elastisch ist. Eventuell müssen Sie noch etwas Mehl hinzufügen, wenn der Teig zu klebrig ist.
e) Geben Sie den Teig in eine gefettete Schüssel, decken Sie ihn mit einem sauberen Küchentuch ab und lassen Sie ihn an einem warmen Ort etwa 1 Stunde lang gehen, bis sich sein Volumen verdoppelt hat.
f) Heizen Sie den Ofen auf 400 °F (200 °C) vor.
g) Den Teig ausstanzen und zu einem runden Laib oder der gewünschten Form formen.
h) Den Laib auf ein mit Backpapier ausgelegtes Backblech legen.
i) Lassen Sie den Teig weitere 15 Minuten ruhen.
j) Backen Sie das Brot im vorgeheizten Backofen etwa 25–30 Minuten lang oder bis die Kruste goldbraun ist und das Brot hohl klingt, wenn Sie auf den Boden klopfen.
k) Nehmen Sie das Brot aus dem Ofen und lassen Sie es auf einem Kuchengitter abkühlen, bevor Sie es in Scheiben schneiden.

13. Pão De Rio Maior

ZUTATEN:
- 4 Tassen Brotmehl
- 1 Päckchen (2 ¼ Teelöffel) aktive Trockenhefe
- 1 Teelöffel Zucker
- 1 Teelöffel Salz
- 2 Tassen warmes Wasser

ANWEISUNGEN:
a) In einer kleinen Schüssel Hefe und Zucker in warmem Wasser auflösen. Lassen Sie es 5 Minuten lang ruhen, bis es schaumig ist.
b) In einer großen Rührschüssel Brotmehl und Salz vermischen.
c) Die Hefemischung zur Mehlmischung geben und gut verrühren, bis ein klebriger Teig entsteht.
d) Den Teig auf eine leicht bemehlte Arbeitsfläche geben und etwa 10 Minuten lang kneten, bis er glatt und elastisch ist. Eventuell müssen Sie noch etwas Mehl hinzufügen, wenn der Teig zu klebrig ist.
e) Geben Sie den Teig in eine gefettete Schüssel, decken Sie ihn mit einem sauberen Küchentuch ab und lassen Sie ihn an einem warmen Ort etwa 1 Stunde lang gehen, bis sich sein Volumen verdoppelt hat.
f) Den Ofen auf 230 °C (450 °F) vorheizen.
g) Den Teig ausstanzen und zu einem runden oder ovalen Laib formen.
h) Den Laib auf ein mit Backpapier ausgelegtes Backblech legen.
i) Lassen Sie den Teig weitere 15 Minuten ruhen.
j) Die Oberseite des Laibs mit einem scharfen Messer einritzen, sodass flache Schnitte entstehen.
k) Backen Sie das Brot im vorgeheizten Backofen etwa 20–25 Minuten lang oder bis die Kruste goldbraun ist und das Brot beim Klopfen auf den Boden hohl klingt.
l) Nehmen Sie das Brot aus dem Ofen und lassen Sie es auf einem Kuchengitter abkühlen, bevor Sie es in Scheiben schneiden.
m) Genießen Sie Ihr hausgemachtes Pão de Rio Maior als köstliche Ergänzung zu Ihren Mahlzeiten oder als leckeren Snack!

14. Pão De Centeio

ZUTATEN:
- 2 Tassen Roggenmehl
- 2 Tassen Brotmehl
- 1 Päckchen (2 ¼ Teelöffel) aktive Trockenhefe
- 1 Teelöffel Zucker
- 1 Teelöffel Salz
- 1 ½ Tassen warmes Wasser

ANWEISUNGEN:
a) In einer kleinen Schüssel Hefe und Zucker in warmem Wasser auflösen. Lassen Sie es 5 Minuten lang ruhen, bis es schaumig ist.
b) In einer großen Rührschüssel Roggenmehl, Brotmehl und Salz vermischen.
c) Die Hefemischung zur Mehlmischung geben und gut verrühren, bis ein klebriger Teig entsteht.
d) Den Teig auf eine leicht bemehlte Arbeitsfläche geben und etwa 10 Minuten lang kneten, bis er glatt und elastisch ist. Eventuell müssen Sie noch etwas Mehl hinzufügen, wenn der Teig zu klebrig ist.
e) Geben Sie den Teig in eine gefettete Schüssel, decken Sie ihn mit einem sauberen Küchentuch ab und lassen Sie ihn an einem warmen Ort etwa 1 Stunde lang gehen, bis sich sein Volumen verdoppelt hat.
f) Heizen Sie den Ofen auf 400 °F (200 °C) vor.
g) Den Teig ausstanzen und zu einem runden oder ovalen Laib formen.
h) Den Laib auf ein mit Backpapier ausgelegtes Backblech legen.
i) Lassen Sie den Teig weitere 15 Minuten ruhen.
j) Die Oberseite des Laibs mit einem scharfen Messer einritzen, sodass flache Schnitte entstehen.
k) Backen Sie das Brot im vorgeheizten Backofen etwa 40–45 Minuten lang oder bis die Kruste dunkelgoldbraun ist und das Brot beim Klopfen auf den Boden hohl klingt.
l) Nehmen Sie das Brot aus dem Ofen und lassen Sie es auf einem Kuchengitter abkühlen, bevor Sie es in Scheiben schneiden.

15. Regueifa

ZUTATEN:
- 4 Tassen Brotmehl
- 2 ¼ Teelöffel aktive Trockenhefe
- 1 Teelöffel Zucker
- 1 Teelöffel Salz
- 2 Esslöffel Olivenöl
- 1 ½ Tassen warmes Wasser
- Grober Zucker oder Sesam zum Bestreuen (optional)

ANWEISUNGEN:
a) In einer kleinen Schüssel Hefe und Zucker in warmem Wasser auflösen. Lassen Sie es 5 Minuten lang ruhen, bis es schaumig ist.
b) In einer großen Rührschüssel Brotmehl und Salz vermischen.
c) Die Hefemischung und das Olivenöl zur Mehlmischung geben und gut verrühren, bis ein klebriger Teig entsteht.
d) Den Teig auf eine leicht bemehlte Arbeitsfläche geben und etwa 10 Minuten lang kneten, bis er glatt und elastisch ist. Eventuell müssen Sie noch etwas Mehl hinzufügen, wenn der Teig zu klebrig ist.
e) Geben Sie den Teig in eine gefettete Schüssel, decken Sie ihn mit einem sauberen Küchentuch ab und lassen Sie ihn an einem warmen Ort etwa 1 Stunde lang gehen, bis sich sein Volumen verdoppelt hat.
f) Heizen Sie den Ofen auf 400 °F (200 °C) vor.
g) Den Teig ausstanzen und in zwei gleich große Portionen teilen.
h) Nehmen Sie eine Portion Teig und formen Sie ihn zu einem langen, runden Laib, indem Sie ihn auf einer leicht bemehlten Oberfläche ausrollen. Wiederholen Sie den Vorgang mit der anderen Teigportion.
i) Legen Sie die geformten Brote auf ein mit Backpapier ausgelegtes Backblech und lassen Sie zwischen ihnen etwas Platz.
j) Decken Sie die Brote mit einem sauberen Küchentuch ab und lassen Sie sie weitere 30–45 Minuten gehen, bis sie ihr Volumen verdoppelt haben.
k) Für zusätzlichen Geschmack und Dekoration groben Zucker oder Sesam darüber streuen.

l) Backen Sie die Brote im vorgeheizten Ofen etwa 20–25 Minuten lang oder bis sie goldbraun sind und hohl klingen, wenn Sie auf den Boden klopfen.

m) Nehmen Sie die Brote aus dem Ofen und lassen Sie sie auf einem Kuchengitter abkühlen, bevor Sie sie in Scheiben schneiden.

SPANISCHES BROT

16.Pan Con Tomate

ZUTATEN:
- 1 Knoblauchzehe (püriert)
- 1 Esslöffel Salz
- 4 mittelgroße Tomaten (gerieben, um Haut und Kerne zu entfernen)
- 1 Esslöffel Olivenöl
- 1 Laib geschnittenes Brot (ungesäuert oder Vollkornbrot)

ANWEISUNGEN:
a) Toasten Sie Brotscheiben bei 250 °F, bis jede Scheibe auf beiden Seiten braun ist.
b) Olivenöl in eine Schüssel geben. Salz in die Schüssel geben. Gut umrühren.
c) Den zerdrückten Knoblauchsaft auf dem gerösteten Brot verteilen.
d) Die geriebene Tomatenmischung auf dem Brot verteilen.
e) Die Öl-Salz-Mischung ebenfalls auf dem Brot verteilen.
f) Sofort servieren

17.Pan Rustico

ZUTATEN:
- 2 ¾ Tassen Wasser
- 5 Teelöffel aktive Trockenhefe
- 7 Tassen Brotmehl
- 1 Esslöffel Salz
- ¼ Tasse Olivenöl, vorzugsweise extra vergine
- Maismehl zum Bestreuen des Backblechs

ANWEISUNGEN:
a) Streuen Sie die Hefe über leicht warmes (95 Grad) Wasser in einer kleinen Schüssel oder einem Messbecher. Leicht umrühren. 10 Minuten ruhen lassen.
b) Messen Sie das Mehl ab und geben Sie es in die Schüssel eines Küchenmixers mit daran befestigtem Knethaken. Wenn Sie es von Hand zubereiten, geben Sie das Mehl in eine große Rührschüssel.
c) Schalten Sie den Mixer ein, geben Sie Salz zum Mehl und lassen Sie es verrühren. Bei laufendem Mixer das Olivenöl langsam in das Mehl träufeln. Bei der Zubereitung per Hand einen Schneebesen verwenden.
d) Die Hefe-Wasser-Mischung langsam hineinträufeln. Lassen Sie den Teig 4 Minuten lang maschinell kneten.
e) Wenn Sie den Teig von Hand zubereiten, vermischen Sie das Mehl mit der Hefe-Wasser-Mischung mit einem Holzlöffel, geben Sie den Teig dann auf eine bemehlte Fläche und kneten Sie ihn 5 Minuten lang.
f) Nach dem Kneten sollte ein glatter, elastischer Teig entstehen, der beim Drücken mit dem Finger leicht nachspringt. Überprüfen Sie während des Knetvorgangs die Konsistenz des Teigs. Wenn der Teig klebrig ist, fügen Sie bis zu ½ Tasse zusätzliches Mehl hinzu.
g) Decken Sie den Teig in der Schüssel mit Wachspapier, das mit Kochspray besprüht wurde, und dann mit einem Küchentuch ab. 1 Stunde gehen lassen oder bis sich das Volumen verdoppelt hat.
h) Den aufgegangenen Teig etwa eine Minute lang von Hand auf einer bemehlten Arbeitsfläche kneten, um die Luft zu entfernen. Aus dem Teig zwei gleich große Kugeln formen und auf ein 38 cm

großes Backblech legen, das großzügig mit Maismehl bestreut wurde.

i) Decken Sie die Brote erneut mit Wachspapier und einem Küchentuch ab und lassen Sie sie ein zweites Mal für 20–25 Minuten gehen, bis sich der Teig verdoppelt hat. In der Zwischenzeit den Ofen auf 425 Grad vorheizen.

j) Backen Sie die Brote 23–25 Minuten lang oder bis sie braun sind. Für eine knusprigere Kruste 5 Minuten länger backen.

18. Pan De Payés

ZUTATEN:
- 4 Tassen Brotmehl
- 1 ½ Teelöffel Salz
- 2 Teelöffel aktive Trockenhefe
- 2 Tassen warmes Wasser

ANWEISUNGEN:
a) In einer großen Rührschüssel Brotmehl und Salz vermischen.
b) In einer separaten kleinen Schüssel die Hefe in warmem Wasser auflösen und einige Minuten ruhen lassen, bis sie schaumig wird.
c) Die Hefemischung zur Mehlmischung geben und verrühren, bis ein zottiger Teig entsteht.
d) Den Teig auf eine leicht bemehlte Arbeitsfläche geben und etwa 10 Minuten lang kneten, bis der Teig glatt und elastisch ist.
e) Geben Sie den Teig zurück in die Rührschüssel, decken Sie ihn mit einem sauberen Küchentuch oder einer Plastikfolie ab und lassen Sie ihn an einem warmen Ort etwa 1–2 Stunden lang gehen, oder bis er sein Volumen verdoppelt hat.
f) Sobald der Teig aufgegangen ist, drücken Sie ihn vorsichtig nach unten, um eventuelle Luftblasen zu entfernen. Den Teig zu einem runden oder ovalen Laib formen.
g) Den geformten Teig auf ein mit Backpapier ausgelegtes Backblech oder eine gefettete Auflaufform legen. Decken Sie es mit einem Küchentuch ab und lassen Sie es noch einmal etwa eine Stunde lang gehen, oder bis es leicht an Größe zugenommen hat.
h) Den Ofen auf 230 °C (450 °F) vorheizen.
i) Kurz vor dem Backen den Teig leicht mit Mehl bestäuben und mit einem scharfen Messer ein paar Schnitte auf der Oberfläche machen.
j) Backen Sie das Brot im vorgeheizten Ofen etwa 25 bis 30 Minuten lang oder bis die Kruste goldbraun ist und das Brot hohl klingt, wenn Sie auf den Boden klopfen.
k) Nehmen Sie das Brot aus dem Ofen und lassen Sie es auf einem Kuchengitter abkühlen, bevor Sie es in Scheiben schneiden und servieren.

19. Pan Gallego

ZUTATEN:
FÜR DAS LEVAIN-GEBÄUDE
- 3½ Teelöffel reifer Starter
- 3½ Teelöffel Brotmehl
- 1¾ Teelöffel Vollkornmehl
- 1¾ Teelöffel Roggenvollkornmehl
- 6 Esslöffel + 2 Teelöffel lauwarmes Wasser (100 Grad F)

LETZTER TEIG
- 3¼ Tassen Brotmehl
- 4½ Esslöffel Vollkornroggenmehl
- 1¾ Tassen Wasser, Zimmertemperatur
- 7 Esslöffel + 1 Teelöffel Levain
- 2 Teelöffel Salz

ANWEISUNGEN:
UM DEN LEVAIN BAUEN ZU LASSEN

a) Kombinieren Sie die Levain-Zutaten in einer mittelgroßen Schüssel. Umrühren, mit Plastikfolie abdecken und vier Stunden bei Raumtemperatur ruhen lassen.

b) Sofort verwenden oder das Levain für bis zu 12 Stunden in den Kühlschrank stellen, um es am nächsten Tag zu verwenden.

UM DEN ENDGÜLTIGEN TEIG ZU MACHEN

c) Mehl und 325 Gramm Wasser vermischen. Fügen Sie weitere 50 Gramm Wasser hinzu und vermischen Sie das Ganze, decken Sie es ab und lassen Sie es 45 Minuten lang ruhen.

d) Den Levain und weitere 25 Gramm Wasser hinzufügen und umrühren. Abdecken und 1 Stunde ruhen lassen.

e) Geben Sie das Salz und 25 Gramm Wasser zum Teig und drücken Sie das Salz mit den Fingern in den Teig, damit es sich auflöst.

f) Sobald sich das Salz aufgelöst hat, den Teig mehrmals dehnen und falten. Abdecken und 30 Minuten ruhen lassen.

g) Den Teig erneut dehnen und falten. Abdecken und die Masse vier Stunden lang gehen lassen.

h) Den Teig zu einer Kugel formen und 15 Minuten ruhen lassen. Den Laib fest zusammendrücken, mit der Naht nach oben in ein mit

Handtüchern ausgelegtes Banneton legen und mit geölter Plastikfolie abdecken.
i) Den Laib 2 bis 3 Stunden bei Zimmertemperatur gehen lassen.
j) Stellen Sie das Brot in den Kühlschrank und lassen Sie es weitere 8 bis 10 Stunden gehen.
k) Den Laib aus dem Kühlschrank nehmen.
l) Lassen Sie den Laib etwa 2 Stunden lang auf Zimmertemperatur kommen.
m) Heizen Sie den Ofen auf 475 Grad F vor, mit einem Schmortopf auf der mittleren Schiene.
n) Den Teig mit der Nahtseite nach unten auf ein Stück Backpapier legen. Fassen Sie den Teig oben mit der Hand und ziehen Sie ihn so weit wie möglich nach oben. Drehen Sie es herum und formen Sie es zu einem Knoten. Lassen Sie es wieder auf der Teigoberfläche ruhen.
o) Schneiden Sie mit einem scharfen Messer vorsichtig vier gleichmäßig verteilte, senkrechte Schlitze in den Teig, um ihm etwas Platz zum Ausdehnen zu geben.
p) Heben Sie den Teig mit dem Backpapier in den vorgeheizten Schmortopf, decken Sie ihn ab und legen Sie den Laib in den Ofen. 15 Minuten backen. Reduzieren Sie den Ofen auf 425 Grad F.
q) Nehmen Sie den Deckel ab und lassen Sie das Brot weitere 15 bis 20 Minuten fertig backen, bis das Brot eine Innentemperatur von 205 Grad F erreicht hat.
r) Auf einem Kuchengitter vollständig abkühlen lassen.

20. Pan Cubano

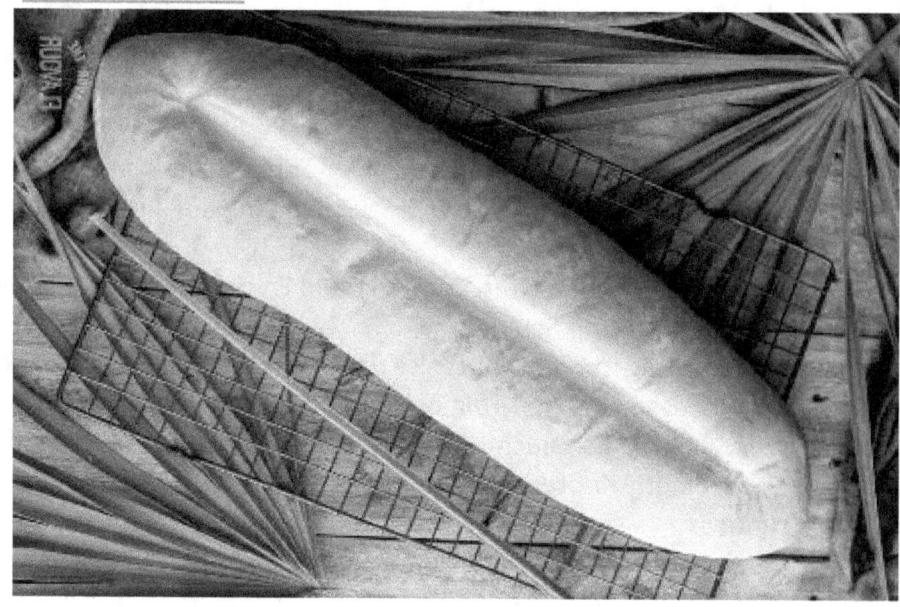

ZUTATEN:
- 3 Packungen Aktiv-Trockenhefe-Maismehl
- 4 Teelöffel brauner Zucker
- 2 Tassen Wasser
- ¾ Tasse heißes Wasser
- 5–6 Tassen Brotmehl, geteilt
- 1 Esslöffel Salz

ANWEISUNGEN:
a) Besorgen Sie sich eine Rührschüssel: Rühren Sie Hefe, braunen Zucker und warmes Wasser hinein. 11 Minuten ruhen lassen.
b) Fügen Sie das Salz mit 3 bis 4 Tassen Mehl hinzu. Kombinieren Sie sie, bis ein weicher Teig entsteht.
c) Den Teig auf eine bemehlte Fläche legen. 9 bis 11 Minuten lang kneten.
d) Eine Schüssel einfetten und den Teig hineingeben. Decken Sie es mit einer Plastikfolie ab. Lassen Sie es 1 Stunde lang 46 Minuten lang ruhen.
e) Sobald die Zeit abgelaufen ist, kneten Sie den Teig 2 Minuten lang. Formen Sie daraus 2 Brotlaibe.
f) Streuen Sie etwas Maismehl auf ein Backblech. Die Brotlaibe hineinlegen und mit einem Küchentuch abdecken.
g) Lassen Sie sie 11 Minuten lang ruhen. Verwenden Sie einen Pizzaschneider und ein Messer, um oben auf jedem Brotlaib zwei Schlitze zu machen.
h) Bevor Sie etwas unternehmen, heizen Sie den Ofen auf 400 F vor.
i) Stellen Sie die Brotform in den Ofen. Lassen Sie sie 32 bis 36 Minuten kochen, bis sie goldbraun sind.
j) Lassen Sie die Brotlaibe vollständig abkühlen. Servieren Sie sie mit allem, was Sie möchten.
k) Genießen.

21. Pan De Alfacar

ZUTATEN:
- 4 Tassen Allzweckmehl
- ½ Tasse Kristallzucker
- 2 Esslöffel frische Hefe
- 1 Tasse warmes Wasser
- ½ Tasse Olivenöl
- 1 Teelöffel Salz
- Schale von 1 Zitrone
- Puderzucker zum Bestäuben

ANWEISUNGEN:

a) In einer kleinen Schüssel die Hefe in warmem Wasser auflösen und etwa 5 Minuten ruhen lassen, bis sie schaumig wird.

b) In einer großen Rührschüssel Mehl, Zucker, Salz und Zitronenschale vermischen. Machen Sie in der Mitte eine Mulde und gießen Sie die Hefemischung und das Olivenöl hinein.

c) Die Zutaten miteinander vermischen, bis ein Teig entsteht. Sie können den Teig mit einem Holzlöffel oder Ihren Händen kneten. Wenn sich der Teig zu trocken anfühlt, fügen Sie etwas wärmeres Wasser hinzu, esslöffelweise, bis alles gut vermischt ist.

d) Geben Sie den Teig auf eine saubere, leicht bemehlte Oberfläche und kneten Sie ihn etwa 10 Minuten lang, bis er glatt und elastisch ist.

e) Den Teig in eine gefettete Schüssel geben und mit einem sauberen Küchentuch oder einer Plastikfolie abdecken. Lassen Sie den Teig an einem warmen Ort etwa 1 bis 2 Stunden gehen, bis er sein Volumen verdoppelt hat.

f) Heizen Sie Ihren Backofen auf 180 °C (350 °F) vor. Ein Backblech einfetten oder mit Backpapier auslegen.

g) Sobald der Teig aufgegangen ist, schlagen Sie ihn fest, um eventuelle Luftblasen zu entfernen. Den Teig auf das vorbereitete Backblech geben und zu einem runden Laib formen.

h) Den Laib mit einem Küchentuch abdecken und weitere 30 Minuten gehen lassen.

i)   Backen Sie die Pan de Alfacar im vorgeheizten Ofen etwa 30 bis 35 Minuten lang oder bis sie goldbraun wird und hohl klingt, wenn Sie auf den Boden klopfen.

j)   Das Brot aus dem Ofen nehmen und auf einem Kuchengitter abkühlen lassen.

k)   Sobald das Pan de Alfacar abgekühlt ist, bestäuben Sie es vor dem Servieren großzügig mit Puderzucker.

22.Pan Cateto

ZUTATEN:
- 4 Tassen Vollkornmehl
- 2 Teelöffel Salz
- 1 ¼ Tassen Wasser
- 1 Esslöffel frische Hefe

ANWEISUNGEN:

a) In einer großen Rührschüssel das Vollkornmehl und das Salz vermischen.

b) In einer separaten kleinen Schüssel die Hefe in warmem Wasser auflösen und etwa 5 Minuten ruhen lassen, bis sie schaumig wird.

c) Machen Sie eine Mulde in die Mitte der Mehlmischung und gießen Sie die Hefemischung hinein.

d) Die Zutaten vermischen, bis ein grober Teig entsteht.

e) Geben Sie den Teig auf eine saubere, leicht bemehlte Oberfläche und kneten Sie ihn etwa 10 Minuten lang, bis er glatt und elastisch ist. Eventuell müssen Sie mehr Mehl hinzufügen, wenn der Teig zu klebrig ist.

f) Den Teig in eine gefettete Schüssel geben und mit einem sauberen Küchentuch oder einer Plastikfolie abdecken. Lassen Sie den Teig an einem warmen Ort etwa 1 bis 2 Stunden gehen, bis er sein Volumen verdoppelt hat.

g) Heizen Sie Ihren Backofen auf 220 °C (425 °F) vor. Wenn Sie einen Backstein oder ein Backblech haben, legen Sie dieses ebenfalls zum Vorheizen in den Ofen.

h) Sobald der Teig aufgegangen ist, schlagen Sie ihn fest, um eventuelle Luftblasen zu entfernen. Formen Sie den Teig zu einem runden oder ovalen Laib und legen Sie ihn auf ein mit Backpapier ausgelegtes Backblech oder auf den vorgeheizten Backstein.

i) Schneiden Sie die Oberseite des Teigs mit einem scharfen Messer ein, um dekorative Muster zu erzeugen oder das Brot beim Backen auszudehnen.

j) Backen Sie die Pfanne Cateto im vorgeheizten Ofen etwa 30 bis 40 Minuten lang oder bis sie eine goldbraune Kruste bildet und beim Klopfen auf den Boden hohl klingt.

k) Nehmen Sie das Brot aus dem Ofen und lassen Sie es auf einem Kuchengitter abkühlen, bevor Sie es in Scheiben schneiden und servieren.

23. Pan De Cruz

ZUTATEN:
- 4 Tassen Brotmehl
- 2 Teelöffel Salz
- 2 Teelöffel Kristallzucker
- 2 ¼ Teelöffel aktive Trockenhefe
- 1 ⅓ Tassen warmes Wasser
- Olivenöl zum Einfetten
- Optional: Sesamkörner oder grobes Salz zum Bestreuen

ANWEISUNGEN:
a) In einer kleinen Schüssel Zucker und Hefe in warmem Wasser auflösen. Lassen Sie es etwa 5 Minuten ruhen, bis es schaumig wird.
b) In einer großen Rührschüssel Brotmehl und Salz vermischen. In die Mitte eine Mulde drücken und die Hefemischung hineingießen.
c) Die Zutaten miteinander vermischen, bis ein Teig entsteht. Geben Sie den Teig auf eine saubere, leicht bemehlte Oberfläche und kneten Sie ihn etwa 10 Minuten lang, bis er glatt und elastisch ist. Fügen Sie bei Bedarf mehr Mehl hinzu, um ein Anhaften zu verhindern.
d) Den Teig in eine gefettete Schüssel geben und mit einem sauberen Küchentuch oder einer Plastikfolie abdecken. Lassen Sie den Teig an einem warmen Ort etwa 1 bis 2 Stunden gehen, bis er sein Volumen verdoppelt hat.
e) Heizen Sie Ihren Backofen auf 220 °C (425 °F) vor. Wenn Sie einen Backstein oder ein Backblech haben, legen Sie dieses ebenfalls zum Vorheizen in den Ofen.
f) Sobald der Teig aufgegangen ist, schlagen Sie ihn fest, um eventuelle Luftblasen zu entfernen. Den Teig auf eine leicht bemehlte Arbeitsfläche geben und zu einem runden oder ovalen Laib formen.
g) Machen Sie mit einem scharfen Messer oder einem Teigschaber zwei tiefe, sich kreuzende Schlitze auf der Oberseite des Laibs, sodass eine Kreuzform entsteht.
h) Optional: Für mehr Geschmack und Dekoration Sesamkörner oder grobes Salz über den Laib streuen.
i) Übertragen Sie den geformten Laib auf den vorgeheizten Backstein oder das Backblech.
j) Backen Sie das Pan de Cruz im vorgeheizten Ofen etwa 25 bis 30 Minuten lang oder bis es eine goldbraune Kruste entwickelt und beim Klopfen auf den Boden hohl klingt.
k) Nehmen Sie das Brot aus dem Ofen und lassen Sie es auf einem Kuchengitter abkühlen, bevor Sie es in Scheiben schneiden und servieren.

24.Pataqueta

ZUTATEN:
- 4 Tassen Brotmehl
- 2 Teelöffel Salz
- 2 Teelöffel Kristallzucker
- 2 ¼ Teelöffel aktive Trockenhefe
- 1 ⅓ Tassen warmes Wasser
- Olivenöl zum Einfetten
- Optional: Sesamkörner oder grobes Salz zum Bestreuen

ANWEISUNGEN:

a) In einer kleinen Schüssel Zucker und Hefe in warmem Wasser auflösen. Lassen Sie es etwa 5 Minuten ruhen, bis es schaumig wird.
b) In einer großen Rührschüssel Brotmehl und Salz vermischen. In die Mitte eine Mulde drücken und die Hefemischung hineingießen.
c) Die Zutaten miteinander vermischen, bis ein Teig entsteht. Geben Sie den Teig auf eine saubere, leicht bemehlte Oberfläche und kneten Sie ihn etwa 10 Minuten lang, bis er glatt und elastisch ist. Fügen Sie bei Bedarf mehr Mehl hinzu, um ein Anhaften zu verhindern.
d) Den Teig in eine gefettete Schüssel geben und mit einem sauberen Küchentuch oder einer Plastikfolie abdecken. Lassen Sie den Teig an einem warmen Ort etwa 1 bis 2 Stunden gehen, bis er sein Volumen verdoppelt hat.
e) Heizen Sie Ihren Backofen auf 220 °C (425 °F) vor. Wenn Sie einen Backstein oder ein Backblech haben, legen Sie dieses ebenfalls zum Vorheizen in den Ofen.
f) Sobald der Teig aufgegangen ist, schlagen Sie ihn fest, um eventuelle Luftblasen zu entfernen. Teilen Sie den Teig in kleinere Portionen, etwa in der Größe eines Tennisballs.
g) Jede Teigportion rund oder oval formen und auf ein mit Backpapier ausgelegtes Backblech legen.
h) Optional: Bestreichen Sie die Oberseite der Pataquetas mit Wasser und bestreuen Sie sie mit Sesamkörnern oder grobem Salz für zusätzlichen Geschmack und Dekoration.
i) Lassen Sie die geformten Brötchen weitere 15 bis 20 Minuten gehen.
j) Backen Sie die Pataquetas im vorgeheizten Ofen etwa 15 bis 20 Minuten lang oder bis sie goldbraun werden.
k) Nehmen Sie die Brötchen aus dem Ofen und lassen Sie sie vor dem Servieren etwas abkühlen.

25.Telera

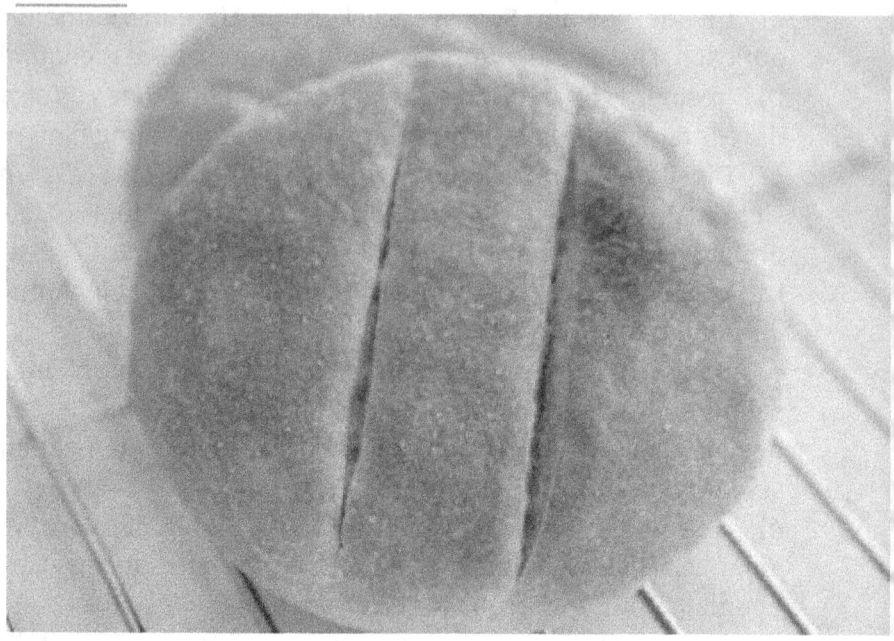

ZUTATEN:
- 4 Tassen Brotmehl
- 2 Teelöffel Salz
- 2 Teelöffel Kristallzucker
- 2 ¼ Teelöffel aktive Trockenhefe
- 1 ⅓ Tassen warmes Wasser
- 2 Esslöffel Pflanzenöl
- Optional: Mais- oder Grießmehl zum Bestäuben

ANWEISUNGEN:
a) In einer kleinen Schüssel Zucker und Hefe in warmem Wasser auflösen. Lassen Sie es etwa 5 Minuten ruhen, bis es schaumig wird.
b) In einer großen Rührschüssel Brotmehl und Salz vermischen. Machen Sie in der Mitte eine Mulde und gießen Sie die Hefemischung und das Pflanzenöl hinein.
c) Die Zutaten miteinander vermischen, bis ein Teig entsteht. Geben Sie den Teig auf eine saubere, leicht bemehlte Oberfläche und kneten Sie ihn etwa 10 Minuten lang, bis er glatt und elastisch wird. Fügen Sie bei Bedarf mehr Mehl hinzu, um ein Anhaften zu verhindern.
d) Den Teig in eine gefettete Schüssel geben und mit einem sauberen Küchentuch oder einer Plastikfolie abdecken. Lassen Sie den Teig an einem warmen Ort etwa 1 bis 2 Stunden gehen, bis er sein Volumen verdoppelt hat.
e) Heizen Sie Ihren Backofen auf 220 °C (425 °F) vor. Wenn Sie einen Backstein oder ein Backblech haben, legen Sie dieses ebenfalls zum Vorheizen in den Ofen.
f) Sobald der Teig aufgegangen ist, schlagen Sie ihn fest, um eventuelle Luftblasen zu entfernen. Geben Sie den Teig auf eine leicht bemehlte Oberfläche und formen Sie ihn zu einem länglichen oder ovalen Laib.
g) Den geformten Teig auf ein mit Backpapier ausgelegtes Backblech legen. Streuen Sie bei Bedarf etwas Mais- oder Grießmehl auf das Backpapier, um ein Ankleben zu verhindern und der Kruste eine rustikale Textur zu verleihen.

h) Decken Sie den geformten Teig mit einem sauberen Küchentuch ab und lassen Sie ihn weitere 15 bis 20 Minuten gehen.

i) Backen Sie das Telera-Brot im vorgeheizten Ofen etwa 15 bis 20 Minuten lang oder bis es goldbraun wird und beim Klopfen auf den Boden hohl klingt.

j) Nehmen Sie das Brot aus dem Ofen und lassen Sie es auf einem Kuchengitter abkühlen, bevor Sie es in Scheiben schneiden und für Sandwiches verwenden.

26. Llonguet

ZUTATEN:
- 4 Tassen Brotmehl
- 2 Teelöffel Salz
- 2 Teelöffel Kristallzucker
- 2 ¼ Teelöffel aktive Trockenhefe
- 1 ⅓ Tassen warmes Wasser
- 2 Esslöffel Olivenöl
- Optional: Sesamkörner oder grobes Salz zum Bestreuen

ANWEISUNGEN:
a) In einer kleinen Schüssel Zucker und Hefe in warmem Wasser auflösen. Lassen Sie es etwa 5 Minuten ruhen, bis es schaumig wird.
b) In einer großen Rührschüssel Brotmehl und Salz vermischen. Machen Sie in der Mitte eine Mulde und gießen Sie die Hefemischung und das Olivenöl hinein.
c) Die Zutaten miteinander vermischen, bis ein Teig entsteht. Geben Sie den Teig auf eine saubere, leicht bemehlte Oberfläche und kneten Sie ihn etwa 10 Minuten lang, bis er glatt und elastisch wird. Fügen Sie bei Bedarf mehr Mehl hinzu, um ein Anhaften zu verhindern.
d) Den Teig in eine gefettete Schüssel geben und mit einem sauberen Küchentuch oder einer Plastikfolie abdecken. Lassen Sie den Teig an einem warmen Ort etwa 1 bis 2 Stunden gehen, bis er sein Volumen verdoppelt hat.
e) Heizen Sie Ihren Backofen auf 220 °C (425 °F) vor. Wenn Sie einen Backstein oder ein Backblech haben, legen Sie dieses ebenfalls zum Vorheizen in den Ofen.
f) Sobald der Teig aufgegangen ist, schlagen Sie ihn fest, um eventuelle Luftblasen zu entfernen. Geben Sie den Teig auf eine leicht bemehlte Oberfläche und teilen Sie ihn in kleinere Portionen, etwa in der Größe eines Tennisballs.
g) Jede Teigportion zu einer länglichen oder ovalen Form formen, die einem kleinen Baguette ähnelt. Legen Sie die geformten Llonguets auf ein mit Backpapier ausgelegtes Backblech und lassen Sie etwas Abstand zwischen ihnen.

h) Optional: Bestreichen Sie die Oberseite der Llonguets mit Wasser und streuen Sie Sesamkörner oder grobes Salz darüber, um ihnen mehr Geschmack und Dekoration zu verleihen.

i) Lassen Sie die geformten Llonguets weitere 15 bis 20 Minuten gehen.

j) Backen Sie die Llonguets im vorgeheizten Ofen etwa 15 bis 20 Minuten lang oder bis sie goldbraun werden und eine leicht knusprige Kruste haben.

k) Nehmen Sie die Llonguets aus dem Ofen und lassen Sie sie auf einem Kuchengitter abkühlen, bevor Sie sie für Sandwiches verwenden oder pur genießen.

27.B oroña

ZUTATEN:
- 4 Tassen Brotmehl
- 2 Teelöffel Salz
- 2 Teelöffel Kristallzucker
- 2 ¼ Teelöffel aktive Trockenhefe
- 1 ⅓ Tassen warmes Wasser
- 2 Esslöffel Olivenöl
- Mais- oder Grießmehl zum Bestäuben

ANWEISUNGEN:

a) In einer kleinen Schüssel Zucker und Hefe in warmem Wasser auflösen. Lassen Sie es etwa 5 Minuten ruhen, bis es schaumig wird.

b) In einer großen Rührschüssel Brotmehl und Salz vermischen. Machen Sie in der Mitte eine Mulde und gießen Sie die Hefemischung und das Olivenöl hinein.

c) Die Zutaten miteinander vermischen, bis ein Teig entsteht. Geben Sie den Teig auf eine saubere, leicht bemehlte Oberfläche und kneten Sie ihn etwa 10 Minuten lang, bis er glatt und elastisch wird. Fügen Sie bei Bedarf mehr Mehl hinzu, um ein Anhaften zu verhindern.

d) Den Teig in eine gefettete Schüssel geben und mit einem sauberen Küchentuch oder einer Plastikfolie abdecken. Lassen Sie den Teig an einem warmen Ort etwa 1 bis 2 Stunden gehen, bis er sein Volumen verdoppelt hat.

e) Heizen Sie Ihren Backofen auf 220 °C (425 °F) vor. Wenn Sie einen Backstein oder ein Backblech haben, legen Sie dieses ebenfalls zum Vorheizen in den Ofen.

f) Sobald der Teig aufgegangen ist, schlagen Sie ihn fest, um eventuelle Luftblasen zu entfernen. Den Teig auf eine leicht bemehlte Arbeitsfläche geben und zu einem runden oder ovalen Laib formen.

g) Den geformten Teig auf ein mit Backpapier ausgelegtes Backblech legen. Die Oberseite des Laibs mit Maismehl oder Grießmehl bestäuben.

h) Decken Sie den Teig mit einem sauberen Küchentuch ab und lassen Sie ihn weitere 15 bis 20 Minuten gehen.

i) Machen Sie mit einem scharfen Messer Schlitze oder Schnitte auf der Oberseite des Brotes, um ein dekoratives Muster zu erzeugen.

j) Backen Sie das Boroña-Brot im vorgeheizten Ofen etwa 30 bis 35 Minuten lang oder bis es goldbraun wird und eine feste Kruste hat.

k) Nehmen Sie das Brot aus dem Ofen und lassen Sie es auf einem Kuchengitter abkühlen, bevor Sie es in Scheiben schneiden und servieren.

28. Pistole

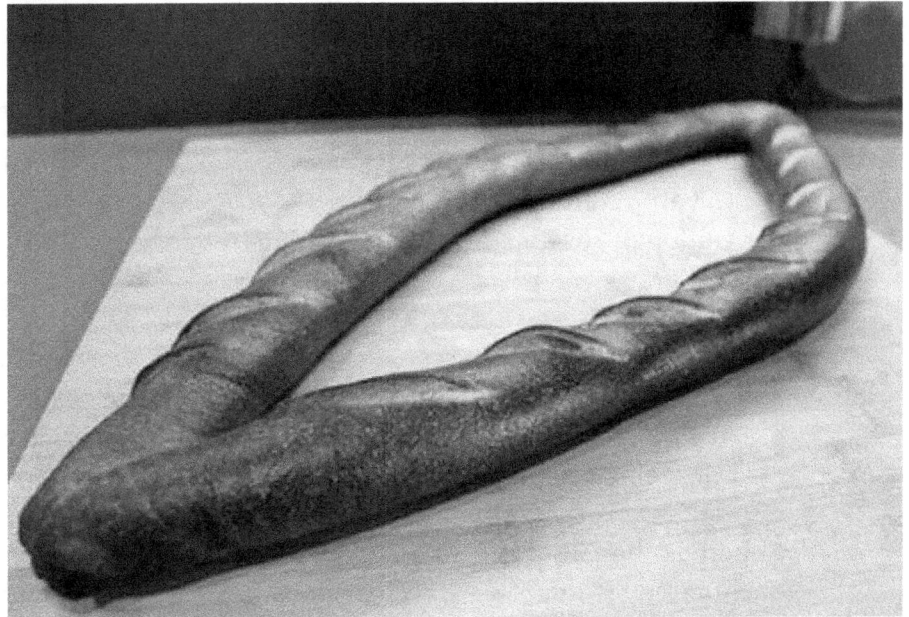

ZUTATEN:
- 4 Tassen Brotmehl
- 2 Teelöffel Salz
- 2 Teelöffel Kristallzucker
- 2 ¼ Teelöffel aktive Trockenhefe
- 1 ⅓ Tassen warmes Wasser
- Olivenöl zum Einfetten
- Optional: Sesam oder Mohn zum Bestreuen

ANWEISUNGEN:
a) In einer kleinen Schüssel Zucker und Hefe in warmem Wasser auflösen. Lassen Sie es etwa 5 Minuten ruhen, bis es schaumig wird.
b) In einer großen Rührschüssel Brotmehl und Salz vermischen. In die Mitte eine Mulde drücken und die Hefemischung hineingießen.
c) Die Zutaten miteinander vermischen, bis ein Teig entsteht. Geben Sie den Teig auf eine saubere, leicht bemehlte Oberfläche und kneten Sie ihn etwa 10 Minuten lang, bis er glatt und elastisch wird. Fügen Sie bei Bedarf mehr Mehl hinzu, um ein Anhaften zu verhindern.
d) Den Teig in eine gefettete Schüssel geben und mit einem sauberen Küchentuch oder einer Plastikfolie abdecken. Lassen Sie den Teig an einem warmen Ort etwa 1 bis 2 Stunden gehen, bis er sein Volumen verdoppelt hat.
e) Heizen Sie Ihren Backofen auf 220 °C (425 °F) vor. Wenn Sie einen Backstein oder ein Backblech haben, legen Sie dieses ebenfalls zum Vorheizen in den Ofen.
f) Sobald der Teig aufgegangen ist, schlagen Sie ihn fest, um eventuelle Luftblasen zu entfernen. Geben Sie den Teig auf eine leicht bemehlte Oberfläche und teilen Sie ihn in kleinere Portionen, etwa in der Größe einer großen Rolle.
g) Formen Sie jede Teigportion zu einer länglichen Rolle, die einem Mini-Baguette oder einer Pistolenform ähnelt. Legen Sie die geformten Pistolela-Rollen auf ein mit Backpapier ausgelegtes Backblech.

h) Optional: Bestreichen Sie die Oberseite der Pistolela-Brötchen mit Wasser und streuen Sie Sesam- oder Mohnsamen darüber, um ihnen mehr Geschmack und Dekoration zu verleihen.

i) Lassen Sie die geformten Brötchen weitere 15 bis 20 Minuten gehen.

j) Backen Sie die Pistolela-Brötchen im vorgeheizten Ofen etwa 15 bis 20 Minuten lang oder bis sie goldbraun werden und eine leicht knusprige Kruste haben.

k) Nehmen Sie die Brötchen aus dem Ofen und lassen Sie sie vor dem Servieren auf einem Kuchengitter abkühlen.

29. Regañao

ZUTATEN:
- 2 Tassen Allzweckmehl
- 1 Teelöffel Salz
- 1 Teelöffel Paprika (optional, für den Geschmack)
- ½ Tasse warmes Wasser
- 2 Esslöffel Olivenöl
- Grobes Salz zum Bestreuen

BELAG
- Serrano-Schinkenscheiben (optional)

ANWEISUNGEN:

a) In einer Rührschüssel Mehl, Salz und Paprika (falls verwendet) vermischen. Gut vermischen, um die Zutaten gleichmäßig zu verteilen.

b) Machen Sie eine Mulde in die Mitte der trockenen Zutaten und gießen Sie das warme Wasser und das Olivenöl hinein.

c) Rühren Sie die Mischung mit einem Löffel oder Ihren Händen um, bis ein Teig entsteht.

d) Geben Sie den Teig auf eine saubere, leicht bemehlte Oberfläche und kneten Sie ihn etwa 5 Minuten lang, bis er glatt und elastisch wird.

e) Teilen Sie den Teig in kleinere Portionen und bedecken Sie diese mit einem sauberen Küchentuch. Lassen Sie den Teig etwa 15–20 Minuten ruhen, um das Gluten zu entspannen.

f) Heizen Sie Ihren Backofen auf 200 °C (400 °F) vor.

g) Nehmen Sie eine Portion Teig und rollen Sie ihn so dünn wie möglich aus, wobei eine Dicke von etwa 1-2 Millimetern angestrebt wird. Sie können den Teig mit einem Nudelholz oder Ihren Händen flach drücken.

h) Den ausgerollten Teig auf ein mit Backpapier ausgelegtes Backblech geben. Wiederholen Sie den Vorgang mit den restlichen Teigportionen und legen Sie sie auf separate Backbleche oder lassen Sie zwischen den einzelnen Regañao-Brot genügend Platz.

i) Streuen Sie grobes Salz über die Oberfläche des Teigs und drücken Sie ihn leicht an, damit er festklebt.

j) Backen Sie das Regañao-Brot im vorgeheizten Ofen etwa 8–10 Minuten lang oder bis es goldbraun und knusprig wird. Behalten Sie es gut im Auge, da es schnell zu stark bräunen kann.

k) Nehmen Sie die Backbleche aus dem Ofen und lassen Sie das Regañao-Brot auf Gitterrosten vollständig abkühlen.

l) Sobald das Regañao-Brot abgekühlt ist, kann es mit Schinken garniert genossen werden.

30. Torta De Aranda

ZUTATEN:
- 4 Tassen Brotmehl
- 300 Milliliter warmes Wasser
- 10 Gramm Salz
- 10 Gramm frische Hefe (oder 5 Gramm aktive Trockenhefe)
- Olivenöl zum Einfetten

ANWEISUNGEN:

a) In einer großen Rührschüssel Brotmehl und Salz vermischen.

b) Die frische Hefe in warmem Wasser auflösen. Wenn Sie aktive Trockenhefe verwenden, lösen Sie diese in einer Portion warmem Wasser auf und lassen Sie sie etwa 5–10 Minuten lang aktivieren, bevor Sie fortfahren.

c) Machen Sie eine Mulde in die Mitte der Mehlmischung und gießen Sie die Hefemischung hinein. Nach und nach das Mehl in die Flüssigkeit einarbeiten und mit einem Holzlöffel oder den Händen verrühren, bis ein grober Teig entsteht.

d) Geben Sie den Teig auf eine leicht bemehlte Oberfläche und kneten Sie ihn etwa 10–15 Minuten lang oder bis er glatt und elastisch ist. Fügen Sie kleine Mengen Mehl hinzu, wenn der Teig zu klebrig ist.

e) Den Teig zu einer runden Kugel formen und zurück in die Rührschüssel geben. Decken Sie die Schüssel mit einem sauberen Küchentuch ab und lassen Sie den Teig an einem warmen Ort etwa 1–2 Stunden lang gehen, oder bis er sein Volumen verdoppelt hat.

f) Heizen Sie Ihren Backofen auf 230 °C (450 °F) vor.

g) Sobald der Teig aufgegangen ist, drücken Sie ihn vorsichtig nach unten, um eventuelle Luftblasen zu entfernen. Auf ein gefettetes Backblech oder einen Pizzastein stürzen.

h) Mit den Händen den Teig zu einer etwa 2,5 bis 5 cm dicken Scheibe formen und flach drücken. Machen Sie mehrere diagonale Schnitte über die Oberseite des Teigs, um ein Muster zu erzeugen.

i) Die Teigoberfläche mit Olivenöl bestreichen.

j) Legen Sie das Backblech oder den Pizzastein mit dem Teig in den vorgeheizten Ofen. Backen Sie das Brot etwa 20 bis 25 Minuten lang oder bis es goldbraun ist und beim Klopfen auf den Boden hohl klingt.

k) Nehmen Sie die Torta de Aranda aus dem Ofen und lassen Sie sie auf einem Kuchengitter abkühlen, bevor Sie sie in Scheiben schneiden und servieren.

31.Txantxigorri

ZUTATEN:
- 4 Tassen Brotmehl
- 2 ¼ Teelöffel Salz
- 1 Esslöffel frische Hefe
- 1 ⅓ Tassen lauwarmes Wasser
- Maismehl oder Grieß zum Bestäuben

ANWEISUNGEN:
a) In einer großen Rührschüssel Brotmehl und Salz vermischen.
b) Lösen Sie die frische Hefe in lauwarmem Wasser auf oder aktivieren Sie bei Verwendung von aktiver Trockenhefe diese gemäß der Packungsanleitung.
c) Machen Sie eine Mulde in die Mitte der Mehlmischung und gießen Sie die Hefemischung hinein. Gut umrühren, bis sich ein Teig zu bilden beginnt.
d) Geben Sie den Teig auf eine saubere, leicht bemehlte Oberfläche und kneten Sie ihn etwa 10–15 Minuten lang, bis er glatt und elastisch wird. Alternativ können Sie zum Kneten auch eine Küchenmaschine mit Knethakenaufsatz verwenden.
e) Den Teig in eine gefettete Schüssel geben und mit einem sauberen Küchentuch oder einer Plastikfolie abdecken. Lassen Sie den Teig an einem warmen Ort etwa 1 bis 2 Stunden gehen, bis er sein Volumen verdoppelt hat.
f) Heizen Sie Ihren Backofen auf 220 °C (425 °F) vor. Legen Sie zum Vorheizen ebenfalls einen Backstein oder ein Backblech in den Ofen.
g) Sobald der Teig aufgegangen ist, schlagen Sie ihn fest, um eventuelle Luftblasen zu entfernen. Den Teig zu einem runden Laib formen und auf ein mit Maismehl oder Grieß bestäubtes Backblech legen.
h) Verwenden Sie ein scharfes Messer oder eine Rasierklinge, um dekorative Schnitte oder Markierungen auf der Oberfläche des Brotes zu machen, z. B. diagonale Linien oder ein Kreuzschraffurmuster. Dies verleiht Txantxigorri sein charakteristisches Aussehen.

i) Schieben Sie das Brot in den vorgeheizten Ofen und backen Sie es etwa 25 bis 30 Minuten lang oder bis die Kruste goldbraun wird und hohl klingt, wenn Sie auf den Boden klopfen.

j) Nehmen Sie die Txantxigorri aus dem Ofen und lassen Sie sie auf einem Kuchengitter abkühlen, bevor Sie sie in Scheiben schneiden und servieren.

32.Pan De Semillas

ZUTATEN:
- 4 Tassen Brotmehl
- 2 ¼ Teelöffel aktive Trockenhefe
- 1 Teelöffel Zucker
- 1 Teelöffel Salz
- 1 ¼ Tassen warmes Wasser
- 2 Esslöffel Olivenöl
- Verschiedene Samen (z. B. Sonnenblumenkerne, Kürbiskerne, Sesamsamen, Leinsamen usw.) zum Bestreuen und Untermischen in den Teig

ANWEISUNGEN:
a) In einer kleinen Schüssel den Zucker in warmem Wasser auflösen. Streuen Sie die Hefe über das Wasser und lassen Sie es etwa 5 Minuten ruhen, bis es schaumig wird.
b) In einer großen Rührschüssel Brotmehl und Salz vermischen. Machen Sie in der Mitte eine Mulde und gießen Sie die Hefemischung und das Olivenöl hinein.
c) Die Zutaten miteinander vermischen, bis ein Teig entsteht. Geben Sie den Teig auf eine bemehlte Fläche und kneten Sie ihn etwa 10 Minuten lang, bis er glatt und elastisch wird. Fügen Sie bei Bedarf mehr Mehl hinzu, um ein Anhaften zu verhindern.
d) Den Teig in eine gefettete Schüssel geben, mit einem sauberen Küchentuch abdecken und an einem warmen Ort etwa 1 bis 2 Stunden gehen lassen, bis er sein Volumen verdoppelt hat.
e) Heizen Sie Ihren Backofen auf 220 °C (425 °F) vor.
f) Sobald der Teig aufgegangen ist, schlagen Sie ihn fest, um eventuelle Luftblasen zu entfernen. Geben Sie den Teig auf eine leicht bemehlte Oberfläche und kneten Sie die verschiedenen Samen wie Sonnenblumenkerne, Kürbiskerne, Sesamsamen oder Leinsamen unter. Eine Handvoll oder mehr Samen hinzufügen und gleichmäßig in den Teig einarbeiten.
g) Formen Sie den Teig zu einem Laib oder teilen Sie ihn in kleinere Portionen für einzelne Brötchen auf.

h) Den geformten Teig auf ein gefettetes oder mit Backpapier ausgelegtes Backblech legen. Mit einem Küchentuch abdecken und weitere 30 Minuten gehen lassen.

i) Optional: Bestreichen Sie die Oberseite des Laibs mit Wasser und streuen Sie zur Dekoration weitere Samen darüber.

j) Backen Sie das Brot im vorgeheizten Ofen etwa 30–35 Minuten lang oder bis die Kruste goldbraun ist und das Brot hohl klingt, wenn Sie auf den Boden klopfen.

k) Nehmen Sie das Brot aus dem Ofen und lassen Sie es auf einem Kuchengitter abkühlen, bevor Sie es in Scheiben schneiden.

33.Oreja

ZUTATEN:
- 1 Blatt Blätterteig, aufgetaut (im Laden gekauft oder selbst gemacht)
- Kristallzucker zum Bestreuen

ANWEISUNGEN:
a) Heizen Sie Ihren Backofen auf die auf der Blätterteigpackung angegebene Temperatur oder etwa 200 °C (400 °F) vor.
b) Den Blätterteig auf einer leicht bemehlten Fläche ausrollen, sodass er etwas flacher wird.
c) Streuen Sie eine großzügige Menge Kristallzucker über die gesamte Oberfläche des Blätterteigblatts.
d) Rollen Sie das Blätterteigblatt von einer Kante beginnend zur Mitte hin fest auf. Wiederholen Sie dies mit der anderen Kante und rollen Sie sie ebenfalls zur Mitte hin. Die beiden Rollen sollten sich in der Mitte treffen.
e) Schneiden Sie den ausgerollten Blätterteig mit einem scharfen Messer quer in dünne, etwa ½ Zoll dicke Scheiben.
f) Legen Sie die Blätterteigscheiben auf ein mit Backpapier ausgelegtes Backblech und lassen Sie zwischen den einzelnen Scheiben etwas Platz, da sie sich beim Backen ausdehnen.
g) Drücken Sie jede Scheibe vorsichtig mit der Handfläche nach unten, um sie etwas flacher zu machen.
h) Streuen Sie zusätzlich etwas Kristallzucker über jede Scheibe.
i) Backen Sie die Orejas im vorgeheizten Ofen etwa 12–15 Minuten lang oder bis sie goldbraun und knusprig sind.
j) Die Orejas aus dem Ofen nehmen und auf einem Kuchengitter abkühlen lassen.

GRIECHISCHES BROT

34. Lagana

ZUTATEN:
- 4 Tassen Allzweckmehl
- 1 Esslöffel aktive Trockenhefe
- 1 Teelöffel Zucker
- 1 Teelöffel Salz
- 2 Esslöffel Olivenöl
- 1 ½ Tassen lauwarmes Wasser
- Sesamsamen zum Bestreuen

ANWEISUNGEN:

a) In einer kleinen Schüssel den Zucker in lauwarmem Wasser auflösen. Streuen Sie die Hefe über das Wasser und lassen Sie es etwa 5 Minuten lang ruhen, bis es schaumig ist.

b) In einer großen Rührschüssel Mehl und Salz vermischen. Machen Sie in der Mitte eine Mulde und gießen Sie das Olivenöl und die Hefemischung hinein. Mit einem Holzlöffel oder den Händen verrühren, bis der Teig anfängt, sich zu verbinden.

c) Geben Sie den Teig auf eine bemehlte Oberfläche und kneten Sie ihn etwa 5–7 Minuten lang oder bis der Teig glatt und elastisch ist.

d) Geben Sie den Teig in eine gefettete Schüssel, decken Sie ihn mit einem sauberen Küchentuch ab und lassen Sie ihn an einem warmen Ort etwa 1 Stunde lang gehen, bis er sein Volumen verdoppelt hat.

e) Heizen Sie Ihren Backofen auf 425 °F (220 °C) vor. Ein Backblech mit Backpapier auslegen.

f) Den aufgegangenen Teig ausstanzen und auf eine bemehlte Fläche geben. Teilen Sie den Teig in zwei gleiche Portionen.

g) Jede Teigportion rechteckig ausrollen, etwa ¼ Zoll dick. Übertragen Sie den ausgebreiteten Teig auf das vorbereitete Backblech.

h) Bestreichen Sie die Oberseite jedes Fladenbrots leicht mit Wasser und streuen Sie Sesamkörner darüber.

i) Machen Sie mit den Fingern Vertiefungen auf dem Teig, sodass ein Muster aus Linien oder Punkten entsteht.

j) Backen Sie das Lagana-Fladenbrot im vorgeheizten Ofen etwa 20–25 Minuten lang oder bis es goldbraun und knusprig ist.

k) Nehmen Sie es aus dem Ofen und lassen Sie es auf einem Kuchengitter abkühlen, bevor Sie es in Scheiben schneiden und servieren.

35. Horiatiko Psomi

ZUTATEN:
- 5 Tassen Brotmehl
- 2 Teelöffel aktive Trockenhefe
- 2 Teelöffel Salz
- 2 ½ Tassen lauwarmes Wasser
- 2 Esslöffel Olivenöl

ANWEISUNGEN:
a) In einer kleinen Schüssel die Hefe in lauwarmem Wasser auflösen. Lassen Sie es etwa 5 Minuten lang ruhen, oder bis es schaumig ist.
b) In einer großen Rührschüssel Brotmehl und Salz vermischen. Machen Sie in der Mitte eine Mulde und gießen Sie die Hefemischung und das Olivenöl hinein. Mit einem Holzlöffel oder den Händen verrühren, bis der Teig anfängt, sich zu verbinden.
c) Den Teig auf eine bemehlte Arbeitsfläche geben und etwa 10–15 Minuten lang kneten, bis der Teig glatt und elastisch ist.
d) Geben Sie den Teig in eine gefettete Schüssel, decken Sie ihn mit einem sauberen Küchentuch ab und lassen Sie ihn an einem warmen Ort etwa 1–2 Stunden lang gehen, bis er sein Volumen verdoppelt hat.
e) Sobald der Teig aufgegangen ist, schlagen Sie ihn aus und formen Sie ihn zu einem runden oder ovalen Laib.
f) Heizen Sie Ihren Backofen auf 450 °F (230 °C) vor. Legen Sie zum Vorheizen ebenfalls einen Backstein oder ein umgedrehtes Backblech in den Ofen.
g) Übertragen Sie den geformten Teig auf ein mit Backpapier ausgelegtes Backblech oder eine mit Mehl bestäubte Backform.
h) Mit einem scharfen Messer diagonale Schnitte auf der Teigoberfläche machen. Dies trägt dazu bei, dass sich das Brot ausdehnt und eine rustikale Kruste bildet.
i) Legen Sie das Backblech mit dem Teig auf den vorgeheizten Backstein oder das umgedrehte Backblech im Ofen.
j) Etwa 30–35 Minuten backen, oder bis das Brot goldbraun ist und hohl klingt, wenn man auf den Boden klopft.

k) Nehmen Sie das Brot aus dem Ofen und lassen Sie es auf einem Kuchengitter abkühlen, bevor Sie es in Scheiben schneiden und servieren.

l) Griechisches Dorfbrot (Horiatiko Psomi) eignet sich perfekt zum Genießen mit griechischen Mezes, Suppen, Eintöpfen oder einfach zum Eintauchen in Olivenöl. Es ist ein köstliches und sättigendes Brot mit rustikalem Charme. Genießen!

36. Ladeni

ZUTATEN:
- 4 Tassen Allzweckmehl
- 2 Teelöffel aktive Trockenhefe
- 1 Teelöffel Zucker
- 1 Teelöffel Salz
- 2 Esslöffel Olivenöl
- 1 ½ Tassen lauwarmes Wasser
- 4 mittelgroße Tomaten, in Scheiben geschnitten
- 1 mittelgroße rote Zwiebel, in dünne Scheiben geschnitten
- 1 Tasse Kalamata-Oliven, entkernt und halbiert
- 2 Esslöffel frischer Oregano, gehackt
- Salz und Pfeffer nach Geschmack
- Extra Olivenöl zum Beträufeln

ANWEISUNGEN:

a) In einer kleinen Schüssel den Zucker in lauwarmem Wasser auflösen. Streuen Sie die Hefe über das Wasser und lassen Sie es etwa 5 Minuten lang ruhen, bis es schaumig ist.

b) In einer großen Rührschüssel Mehl und Salz vermischen. Machen Sie in der Mitte eine Mulde und gießen Sie das Olivenöl und die Hefemischung hinein. Mit einem Holzlöffel oder den Händen verrühren, bis der Teig anfängt, sich zu verbinden.

c) Geben Sie den Teig auf eine bemehlte Oberfläche und kneten Sie ihn etwa 5–7 Minuten lang oder bis der Teig glatt und elastisch ist.

d) Geben Sie den Teig in eine gefettete Schüssel, decken Sie ihn mit einem sauberen Küchentuch ab und lassen Sie ihn an einem warmen Ort etwa 1 Stunde lang gehen, bis er sein Volumen verdoppelt hat.

e) Heizen Sie Ihren Backofen auf 425 °F (220 °C) vor. Ein Backblech mit Backpapier auslegen.

f) Den aufgegangenen Teig ausstanzen und auf das vorbereitete Backblech legen. Drücken und dehnen Sie den Teig mit den Händen in eine rechteckige oder ovale Form mit einer Dicke von etwa ½ Zoll.

g) Die Tomatenscheiben, roten Zwiebeln und Kalamata-Oliven auf dem Teig anrichten. Mit frischem oder getrocknetem Oregano, Salz und Pfeffer bestreuen.

h) Etwas Olivenöl über die Beläge träufeln.

i) Im vorgeheizten Ofen etwa 20–25 Minuten backen, oder bis das Brot goldbraun und durchgebacken ist.

j) Nehmen Sie es aus dem Ofen und lassen Sie es auf einem Kuchengitter abkühlen, bevor Sie es in Scheiben schneiden und servieren.

37. Psomi Pita

ZUTATEN:
- 3 Tassen Allzweckmehl
- 1 Teelöffel aktive Trockenhefe
- 1 Teelöffel Zucker
- 1 Teelöffel Salz
- 2 Esslöffel Olivenöl
- 1 Tasse lauwarmes Wasser

ANWEISUNGEN:
a) In einer kleinen Schüssel den Zucker in lauwarmem Wasser auflösen. Streuen Sie die Hefe über das Wasser und lassen Sie es etwa 5 Minuten lang ruhen, bis es schaumig ist.
b) In einer großen Rührschüssel Mehl und Salz vermischen. Machen Sie in der Mitte eine Mulde und gießen Sie das Olivenöl und die Hefemischung hinein. Mit einem Holzlöffel oder den Händen verrühren, bis der Teig anfängt, sich zu verbinden.
c) Geben Sie den Teig auf eine bemehlte Oberfläche und kneten Sie ihn etwa 5–7 Minuten lang oder bis der Teig glatt und elastisch ist. Fügen Sie bei Bedarf mehr Mehl hinzu, um ein Ankleben zu verhindern, aber vermeiden Sie es, zu viel Mehl hinzuzufügen, damit der Teig weich bleibt.
d) Geben Sie den Teig in eine gefettete Schüssel, decken Sie ihn mit einem sauberen Küchentuch ab und lassen Sie ihn an einem warmen Ort etwa 1–2 Stunden lang gehen, bis er sein Volumen verdoppelt hat.
e) Sobald der Teig aufgegangen ist, schlagen Sie ihn aus und geben Sie ihn auf eine bemehlte Oberfläche. Teilen Sie den Teig in 8 gleiche Portionen.
f) Rollen Sie jede Portion zu einer Kugel und drücken Sie sie mit den Händen flach. Rollen Sie jede Portion mit einem Nudelholz zu einem etwa ¼ Zoll dicken Kreis aus.
g) Erhitzen Sie eine beschichtete Pfanne oder Grillplatte bei mittlerer bis hoher Hitze. Legen Sie ein ausgerolltes Fladenbrot auf die heiße Pfanne und braten Sie es auf jeder Seite etwa 1–2 Minuten lang oder bis es sich aufbläht und goldbraune Flecken bildet.

h) Nehmen Sie das gebackene Fladenbrot aus der Pfanne und wickeln Sie es in ein sauberes Küchentuch, damit es weich und geschmeidig bleibt. Den Vorgang mit den restlichen Teigportionen wiederholen.

i) Servieren Sie das griechische Fladenbrot warm oder bei Zimmertemperatur. Man kann daraus Sandwiches und Wraps zubereiten oder es in Stücke reißen und in Saucen oder Aufstriche tauchen.

38.Psomi Spitiko

ZUTATEN:
- 4 Tassen Allzweckmehl
- 2 Teelöffel aktive Trockenhefe
- 1 Teelöffel Zucker
- 1 Teelöffel Salz
- 2 Esslöffel Olivenöl
- 1 ½ Tassen lauwarmes Wasser

ANWEISUNGEN:

a) In einer kleinen Schüssel den Zucker in lauwarmem Wasser auflösen. Streuen Sie die Hefe über das Wasser und lassen Sie es etwa 5 Minuten lang ruhen, bis es schaumig ist.

b) In einer großen Rührschüssel Mehl und Salz vermischen. Machen Sie in der Mitte eine Mulde und gießen Sie das Olivenöl und die Hefemischung hinein.

c) Mit einem Holzlöffel oder den Händen verrühren, bis der Teig anfängt, sich zu verbinden.

d) Geben Sie den Teig auf eine bemehlte Oberfläche und kneten Sie ihn etwa 5–7 Minuten lang oder bis der Teig glatt und elastisch ist.

e) Geben Sie den Teig in eine gefettete Schüssel, decken Sie ihn mit einem sauberen Küchentuch ab und lassen Sie ihn an einem warmen Ort etwa 1–2 Stunden lang gehen, bis er sein Volumen verdoppelt hat.

f) Sobald der Teig aufgegangen ist, schlagen Sie ihn aus und geben Sie ihn auf eine bemehlte Oberfläche. Formen Sie daraus einen runden Laib.

g) Heizen Sie Ihren Backofen auf 425 °F (220 °C) vor. Legen Sie zum Vorheizen ebenfalls einen Backstein oder ein umgedrehtes Backblech in den Ofen.

h) Übertragen Sie den geformten Teig auf den vorgeheizten Backstein oder das umgedrehte Backblech im Ofen.

i) Etwa 30–35 Minuten backen, oder bis das Brot goldbraun ist und hohl klingt, wenn man auf den Boden klopft.

j) Nehmen Sie das Brot aus dem Ofen und lassen Sie es auf einem Kuchengitter abkühlen, bevor Sie es in Scheiben schneiden und servieren.

39. Koulouri Thessalonikis

ZUTATEN:
- 4 Tassen Allzweckmehl
- 2 Teelöffel aktive Trockenhefe
- 1 Teelöffel Zucker
- 1 Teelöffel Salz
- 2 Esslöffel Olivenöl
- 1 ½ Tassen lauwarmes Wasser
- ½ Tasse Sesamkörner
- ¼ Tasse warmes Wasser (für Sesampaste)
- 2 Esslöffel Olivenöl (für Sesampaste)
- ½ Teelöffel Salz (für Sesampaste)

ANWEISUNGEN:
a) In einer kleinen Schüssel den Zucker in lauwarmem Wasser auflösen. Streuen Sie die Hefe über das Wasser und lassen Sie es etwa 5 Minuten lang ruhen, bis es schaumig ist.
b) In einer großen Rührschüssel Mehl und Salz vermischen. Machen Sie in der Mitte eine Mulde und gießen Sie das Olivenöl und die Hefemischung hinein. Mit einem Holzlöffel oder den Händen verrühren, bis der Teig anfängt, sich zu verbinden.
c) Geben Sie den Teig auf eine bemehlte Oberfläche und kneten Sie ihn etwa 5–7 Minuten lang oder bis der Teig glatt und elastisch ist.
d) Geben Sie den Teig in eine gefettete Schüssel, decken Sie ihn mit einem sauberen Küchentuch ab und lassen Sie ihn an einem warmen Ort etwa 1–2 Stunden lang gehen, bis er sein Volumen verdoppelt hat.
e) Sobald der Teig aufgegangen ist, schlagen Sie ihn aus und geben Sie ihn auf eine bemehlte Oberfläche. Teilen Sie den Teig in kleinere Portionen und rollen Sie jede Portion zu einer langen, etwa 30 cm langen Schnur.
f) Formen Sie jeden Teigstrang zu einem Ring, überlappen Sie die Enden und drücken Sie sie zusammen, um sie zu verschließen.
g) Heizen Sie Ihren Backofen auf 400 °F (200 °C) vor. Ein Backblech mit Backpapier auslegen.

h) In einer kleinen Schüssel Sesamkörner, warmes Wasser, Olivenöl und Salz zu einer Paste vermischen.

i) Tauchen Sie jeden Brotring in die Sesampaste und achten Sie darauf, dass er von allen Seiten gut bedeckt ist. Drücken Sie die Sesamkörner vorsichtig auf den Teig, damit sie haften.

j) Legen Sie die beschichteten Brotringe auf das vorbereitete Backblech und lassen Sie zwischen ihnen etwas Platz zum Ausdehnen.

k) Im vorgeheizten Ofen etwa 20–25 Minuten backen, oder bis die Brotringe goldbraun sind.

l) Aus dem Ofen nehmen und die Koulouri Thessalonikis vor dem Servieren auf einem Kuchengitter abkühlen lassen.

40.Artos

ZUTATEN:
- 4 Tassen Allzweckmehl
- 1 ½ Teelöffel aktive Trockenhefe
- 1 ½ Tassen warmes Wasser
- 1 Esslöffel Zucker
- 1 Teelöffel Salz
- Optional: Sesamkörner oder andere Toppings zur Dekoration

ANWEISUNGEN:

a) In einer kleinen Schüssel Hefe und Zucker in warmem Wasser auflösen. Lassen Sie es etwa 5 Minuten ruhen oder bis es schaumig wird.

b) In einer großen Rührschüssel Mehl und Salz vermischen. In die Mitte eine Mulde drücken und die Hefemischung hineingießen.

c) Nach und nach das Mehl in die Flüssigkeit einarbeiten und mit einem Holzlöffel oder den Händen umrühren, bis ein weicher Teig entsteht.

d) Geben Sie den Teig auf eine bemehlte Oberfläche und kneten Sie ihn etwa 8–10 Minuten lang oder bis er glatt und elastisch ist.

e) Geben Sie den Teig in eine gefettete Schüssel, decken Sie ihn mit einem sauberen Küchentuch ab und lassen Sie ihn an einem warmen Ort etwa 1–2 Stunden lang gehen, oder bis er sein Volumen verdoppelt hat.

f) Sobald der Teig aufgegangen ist, drücken Sie ihn vorsichtig nach unten, um eventuelle Luftblasen zu entfernen. Formen Sie daraus einen runden oder ovalen Laib.

g) Übertragen Sie den geformten Laib auf ein Backblech oder einen Backstein. Auf Wunsch können Sie die Oberfläche des Brotes mit Sesamkörnern oder anderen Belägen dekorieren.

h) Heizen Sie Ihren Backofen auf 375 °F (190 °C) vor. Während der Ofen vorheizt, lassen Sie das Brot etwa 15–20 Minuten ruhen und gehen.

i) Backen Sie das Brot im vorgeheizten Backofen etwa 30–35 Minuten lang oder bis es goldbraun wird und beim Klopfen auf den Boden hohl klingt.

j) Nach dem Backen die Artos aus dem Ofen nehmen und auf einem Kuchengitter abkühlen lassen.

41.Zea

ZUTATEN:
- 2 Tassen Allzweckmehl
- 1 Tasse Vollkornmehl
- 2 Teelöffel aktive Trockenhefe
- 1 Teelöffel Salz
- 1 ¼ Tassen warmes Wasser
- 2 Esslöffel Olivenöl
- Optional: Sesamkörner oder andere Toppings zum Bestreuen

ANWEISUNGEN:
a) In einer kleinen Schüssel die Hefe in ¼ Tasse warmem Wasser auflösen. Lassen Sie es etwa 5 Minuten ruhen oder bis es schaumig wird.
b) In einer großen Rührschüssel Allzweckmehl, Vollkornmehl und Salz vermischen.
c) Machen Sie eine Mulde in die Mitte der trockenen Zutaten und gießen Sie die Hefemischung, das restliche warme Wasser und das Olivenöl hinein.
d) Die Zutaten verrühren, bis ein zottiger Teig entsteht.
e) Geben Sie den Teig auf eine bemehlte Arbeitsfläche und kneten Sie ihn etwa 8 bis 10 Minuten lang oder bis der Teig glatt und elastisch ist. Bei Bedarf noch etwas Mehl hinzufügen, um ein Ankleben zu verhindern.
f) Geben Sie den Teig in eine gefettete Schüssel, decken Sie ihn mit einem sauberen Küchentuch ab und lassen Sie ihn an einem warmen Ort etwa 1–2 Stunden lang gehen, oder bis er sein Volumen verdoppelt hat.
g) Heizen Sie Ihren Backofen auf 425 °F (220 °C) vor. Ein Backblech mit Backpapier auslegen.
h) Sobald der Teig aufgegangen ist, drücken Sie ihn vorsichtig nach unten, um eventuelle Luftblasen zu entfernen. Teilen Sie den Teig in gleiche Portionen und formen Sie jede Portion zu langen, dünnen Grissini.
i) Legen Sie die Grissini auf das vorbereitete Backblech und lassen Sie etwas Abstand zwischen ihnen. Streuen Sie optional Sesamkörner oder andere gewünschte Toppings darüber.

j) Lassen Sie die Grissini weitere 15–20 Minuten ruhen und gehen.

k) Backen Sie die Grissini im vorgeheizten Ofen etwa 15 bis 20 Minuten lang oder bis sie außen goldbraun und knusprig sind.

l) Nach dem Backen das Zea-Brot aus dem Ofen nehmen und auf einem Kuchengitter abkühlen lassen.

42.Zwieback

ZUTATEN:
- 4 Tassen Allzweckmehl
- 1 Tasse Kristallzucker
- 1 Teelöffel Backpulver
- ½ Teelöffel Backpulver
- ½ Teelöffel Salz
- ½ Teelöffel gemahlener Zimt
- 1 Tasse Olivenöl
- ½ Tasse Orangensaft
- Schale von 1 Orange
- ¼ Tasse Brandy oder Ouzo (optional)
- Sesamsamen (zum Bestreuen)

ANWEISUNGEN:

a) Heizen Sie Ihren Backofen auf 350 °F (175 °C) vor und legen Sie ein Backblech mit Backpapier aus.

b) In einer großen Rührschüssel Mehl, Zucker, Backpulver, Natron, Salz und gemahlenen Zimt verrühren, bis alles gut vermischt ist.

c) In einer separaten Schüssel Olivenöl, Orangensaft, Orangenschale und Brandy oder Ouzo (falls verwendet) verrühren.

d) Gießen Sie die feuchten Zutaten nach und nach zu den trockenen Zutaten und rühren Sie dabei mit einem Holzlöffel oder Ihren Händen um. Mischen, bis ein Teig entsteht. Wenn sich der Teig zu trocken anfühlt, können Sie esslöffelweise noch etwas Orangensaft hinzufügen.

e) Geben Sie den Teig auf eine bemehlte Oberfläche und kneten Sie ihn einige Minuten lang, bis er glatt und gut vermischt ist.

f) Teilen Sie den Teig in kleinere Portionen. Nehmen Sie jeweils eine Portion und rollen Sie sie zu einem etwa ¼ Zoll dicken Rechteck oder Oval aus.

g) Schneiden Sie den ausgerollten Teig mit einem Messer oder einem Ausstecher in kleinere Stücke oder Streifen von etwa 5 bis 7,6 cm Länge und 2,5 cm Breite.

h) Legen Sie die geschnittenen Stücke auf das vorbereitete Backblech und lassen Sie zwischen ihnen etwas Platz. Streuen Sie großzügig Sesamkörner auf jedes Stück.

i) Backen Sie die Paximathia im vorgeheizten Ofen etwa 20–25 Minuten lang oder bis sie goldbraun und an den Rändern knusprig sind.

j) Nach dem Backen die Paximathia aus dem Ofen nehmen und einige Minuten auf dem Backblech abkühlen lassen. Übertragen Sie sie dann auf einen Rost, um sie vollständig abzukühlen.

k) Bewahren Sie die Paximathia in einem luftdichten Behälter bei Raumtemperatur auf.

l) Sie bleiben mehrere Wochen lang frisch.

43. Batzina

ZUTATEN:
- 4 Tassen Allzweckmehl
- 1 Teelöffel aktive Trockenhefe
- 1 Teelöffel Salz
- 2 Esslöffel Olivenöl
- 1 Esslöffel Honig
- 1 ¼ Tassen warmes Wasser

ANWEISUNGEN:

a) In einer kleinen Schüssel warmes Wasser, Honig und Hefe vermischen. Gut umrühren und etwa 5 Minuten ruhen lassen, bis die Hefe schaumig wird.

b) In einer großen Rührschüssel Mehl und Salz vermischen. Machen Sie in der Mitte eine Mulde und gießen Sie das Olivenöl und die Hefemischung hinein.

c) Mischen Sie die Zutaten, bis sich ein Teig zu bilden beginnt. Den Teig auf eine leicht bemehlte Arbeitsfläche geben und etwa 8-10 Minuten lang kneten, bis der Teig glatt und elastisch wird.

d) Den Teig zu einer Kugel formen und in eine gefettete Schüssel geben. Decken Sie die Schüssel mit einem sauberen Küchentuch ab und lassen Sie den Teig an einem warmen Ort etwa 1-2 Stunden gehen, bis er sein Volumen verdoppelt hat.

e) Heizen Sie Ihren Backofen auf 400 °F (200 °C) vor. Ein Backblech mit Backpapier auslegen.

f) Sobald der Teig aufgegangen ist, schlagen Sie ihn fest, um eventuelle Luftblasen zu entfernen. Übertragen Sie den Teig auf das vorbereitete Backblech.

g) Den Teig mit den Händen zu einer kreisförmigen Form mit einer Dicke von etwa ½ Zoll flach drücken.

h) Mit einem Messer die Oberseite des Teigs kreuz- oder rautenförmig einschneiden.

i) Etwas Olivenöl über das Brot träufeln und gleichmäßig verteilen.

j) Im vorgeheizten Ofen etwa 25–30 Minuten backen oder bis das Brot oben goldbraun wird.

k) Nach dem Backen das Batzina-Brot aus dem Ofen nehmen und auf einem Kuchengitter abkühlen lassen.

44.Psomi Tou Kyrion

ZUTATEN:
- 2 Tassen Vollkornmehl
- 1 Tasse Allzweckmehl
- ½ Tasse Roggenmehl
- 1 ½ Teelöffel aktive Trockenhefe
- 1 ½ Teelöffel Salz
- 1 ½ Tassen warmes Wasser
- 2 Esslöffel Olivenöl
- 1 Esslöffel Honig (optional)
- Zusätzliches Mehl zum Bestäuben

ANWEISUNGEN:

a) In einer kleinen Schüssel warmes Wasser und Honig (falls verwendet) vermischen. Gut umrühren, um den Honig aufzulösen, dann die Hefe über die Mischung streuen. Lassen Sie es etwa 5 Minuten ruhen, bis die Hefe schaumig wird.

b) In einer großen Rührschüssel Vollkornmehl, Allzweckmehl, Roggenmehl und Salz vermischen. Machen Sie in der Mitte eine Mulde und gießen Sie das Olivenöl und die Hefemischung hinein.

c) Mischen Sie die Zutaten, bis sich ein Teig zu bilden beginnt. Den Teig auf eine leicht bemehlte Arbeitsfläche geben und etwa 10-12 Minuten lang kneten, bis der Teig glatt und elastisch wird.

d) Den Teig zu einer Kugel formen und in eine gefettete Schüssel geben. Decken Sie die Schüssel mit einem sauberen Küchentuch ab und lassen Sie den Teig an einem warmen Ort etwa 1-2 Stunden gehen, bis er sein Volumen verdoppelt hat.

e) Heizen Sie Ihren Backofen auf 425 °F (220 °C) vor. Legen Sie zum Vorheizen ebenfalls einen Backstein oder ein umgedrehtes Backblech in den Ofen.

f) Sobald der Teig aufgegangen ist, schlagen Sie ihn fest, um eventuelle Luftblasen zu entfernen. Den Teig auf eine bemehlte Fläche geben und zu einem runden oder ovalen Laib formen.

g) Legen Sie den Laib auf ein Backblech oder ein Stück Pergamentpapier. Bestäuben Sie die Oberseite des Laibs mit etwas Mehl und ritzen Sie ihn mit einem scharfen Messer ein, um dekorative Schnitte zu erzeugen.

h) Den Laib vorsichtig auf den vorgeheizten Backstein oder das Backblech legen. Etwa 30–35 Minuten backen oder bis das Brot goldbraun wird und hohl klingt, wenn man auf den Boden klopft.

i) Nehmen Sie das Psomi tou kyrion nach dem Backen aus dem Ofen und lassen Sie es auf einem Kuchengitter abkühlen, bevor Sie es in Scheiben schneiden.

45.Xerotigana

ZUTATEN:
FÜR DEN TEIG:
- 4 Tassen Allzweckmehl
- ½ Teelöffel Backpulver
- ½ Teelöffel Salz
- ½ Tasse Orangensaft
- ¼ Tasse Olivenöl
- ¼ Tasse Weißwein
- 1 Esslöffel Kristallzucker
- 1 Teelöffel gemahlener Zimt

FÜR DEN SIRUP:
- 2 Tassen Honig
- 1 Tasse Wasser
- 1 Zimtstange
- Schale von 1 Orange

ANWEISUNGEN:
a) In einer großen Rührschüssel Mehl, Backpulver, Salz, Zucker und gemahlenen Zimt verrühren.
b) In einer separaten Schüssel Orangensaft, Olivenöl und Weißwein vermischen.
c) Die flüssige Mischung nach und nach unter ständigem Rühren zu den trockenen Zutaten gießen, bis ein weicher Teig entsteht.
d) Den Teig auf eine leicht bemehlte Arbeitsfläche geben und etwa 5-7 Minuten lang kneten, bis er glatt und elastisch wird.
e) Teilen Sie den Teig in kleine Portionen auf und decken Sie diese mit einem feuchten Tuch ab, um ein Austrocknen zu verhindern.
f) Nehmen Sie einen Teil des Teigs und rollen Sie ihn zu einer dünnen, etwa 2 mm dicken Platte aus.
g) Den ausgerollten Teig in etwa 2,5 bis 5 Zentimeter breite und 15 bis 20 Zentimeter lange Streifen schneiden.
h) Nehmen Sie jeden Streifen und binden Sie ihn zu einem lockeren Knoten zusammen, sodass eine verdrehte Form entsteht. Wiederholen Sie diesen Vorgang mit den restlichen Teigstreifen.
i) In einem tiefen Topf mit starkem Boden das Pflanzenöl zum Braten auf eine Temperatur von etwa 180 °C erhitzen.

j) Geben Sie vorsichtig einige Stücke des gedrehten Teigs in das heiße Öl und braten Sie sie, bis sie von allen Seiten goldbraun sind. Vermeiden Sie es, den Topf zu überfüllen; Braten Sie sie bei Bedarf portionsweise an.

k) Nach dem Frittieren die Xerotigana mit einem Schaumlöffel aus dem Öl nehmen und auf einen mit Küchenpapier ausgelegten Teller geben, um überschüssiges Öl abtropfen zu lassen.

l) In einem separaten Topf Honig, Wasser, Zimtstange und Orangenschale vermischen. Erhitzen Sie die Mischung bei mittlerer Hitze, bis sie zum Kochen kommt. Die Hitze reduzieren und etwa 5 Minuten köcheln lassen.

m) Entfernen Sie die Zimtstange und die Orangenschale aus dem Sirup.

n) Während der Sirup noch warm ist, tauchen Sie die frittierten Xerotigana in den Sirup und bedecken Sie sie vollständig damit. Lassen Sie sie einige Minuten einweichen, geben Sie sie dann zum Abkühlen auf einen Rost und lassen Sie den überschüssigen Sirup abtropfen.

o) Wiederholen Sie den Eintauchvorgang mit den restlichen Xerotigana und stellen Sie sicher, dass sie vollständig mit dem Honigsirup bedeckt sind.

FRANZÖSISCHES BROT

46. Stangenbrot

ZUTATEN:
- 1¾ Tassen Wasser, bei Raumtemperatur, aufgeteilt
- 2 Teelöffel Instanthefe, geteilt
- 5 Tassen minus 1½ Esslöffel Brotmehl (oder T55-Mehl), aufgeteilt
- 1 Esslöffel koscheres Salz

ANWEISUNGEN:
MACHEN SIE EINE PÂTE FERMENTÉE:
a) In einer mittelgroßen Schüssel ½ Tasse Wasser mit einer Prise Hefe verrühren. Fügen Sie 1¼ Tassen Mehl und 1 Teelöffel Salz hinzu. Rühren, bis ein zottiger Teig entsteht. Drehen Sie den Teig auf die Arbeitsfläche und kneten Sie ihn 1 bis 2 Minuten lang, bis er gut vermischt ist.

b) Den Teig wieder in die Schüssel geben, mit einem Handtuch abdecken und 2 bis 4 Stunden bei Zimmertemperatur ruhen lassen oder über Nacht in den Kühlschrank stellen. Die Größe sollte sich verdoppeln.

DEN TEIG ZUBEREITEN:
c) Geben Sie die restlichen 1¼ Tassen Wasser und die restliche Hefe zur Pâte fermentée und zerkleinern Sie den Teig mit den Fingern in die Flüssigkeit. Fügen Sie die restlichen 3⅔ Tassen Mehl und die restlichen 2 Teelöffel Salz hinzu. Mischen, bis ein zottiger Teig entsteht, etwa 1 Minute.

d) Legen Sie den Teig auf eine saubere Arbeitsfläche und kneten Sie ihn 8 bis 10 Minuten lang, bis er glatt, dehnbar und geschmeidig ist. Wenn Sie mit der Hand kneten, widerstehen Sie dem Drang, mehr Mehl hinzuzufügen. Der Teig wird bei der Verarbeitung von Natur aus weniger klebrig.

e) Dehnen Sie den Teig, um die richtige Glutenentwicklung zu überprüfen. Wenn es zu schnell reißt und sich rau anfühlt, kneten Sie es weiter, bis es glatt und geschmeidig ist.

f) Wenn Sie den Teig mit der Hand kneten, geben Sie ihn zurück in die Schüssel. Mit einem Handtuch abdecken und 1 Stunde ruhen lassen, bis sich das Volumen verdoppelt hat.

g) Formen und backen: Bemehlen Sie Ihre Arbeitsfläche leicht und lösen Sie den Teig mit einem Plastikschaber aus der Schüssel. Teilen Sie den Teig mit einem Metallschaber in vier gleiche Abschnitte (jeweils etwa 250 Gramm). Mit einem Handtuch abdecken und 5 bis 10 Minuten ruhen lassen.

h) Arbeiten Sie abschnittsweise und drücken Sie den Teig mit den Fingerspitzen vorsichtig in ein grobes Rechteck. Falten Sie das obere Viertel nach unten zur Mitte und dann das untere Viertel nach oben zur Mitte, sodass sie sich treffen. Zum Verkleben leicht entlang der Naht drücken.

i) Falten Sie die obere Hälfte des Teigs über die untere Hälfte, sodass ein Klotz entsteht. Verschließen Sie die Naht mit dem Handballen oder den Fingerspitzen. Stellen Sie sicher, dass Ihre Bank leicht bemehlt ist. Sie möchten nicht, dass zu viel Druck auf den Teig ausgeübt wird, aber Sie möchten auch nicht, dass er gleitet statt rollt. Sollte der Teig rutschen, bürsten Sie überschüssiges Mehl weg und befeuchten Sie Ihre Hände leicht.

j) Drehen Sie den Teig vorsichtig um, sodass sich die Naht unten befindet, und bewegen Sie die Enden des Laibs mit den Händen hin und her, um eine Fußballform zu erhalten. Arbeiten Sie dann mit den Händen von der Mitte des Laibs nach außen zu den Rändern, um ihn auf 12 bis 14 Zoll zu verlängern. Wiederholen Sie dies mit den restlichen Abschnitten.

k) Legen Sie ein Leinentuch auf ein Backblech. Bestäuben Sie es mit Mehl und falten Sie ein Ende, um einen Rand zu bilden. Ein Baguette neben diese Falte legen. Falten Sie das Handtuch entlang der anderen Seite, um eine spezielle Fläche zum Aufgehen des Baguettes zu schaffen. Legen Sie ein weiteres Baguette daneben und falten Sie es erneut. Mit den restlichen Baguettes wiederholen.

l) Mit einem Handtuch abdecken und 1 Stunde lang gehen lassen.

m) Nach 30 Minuten Garzeit den Ofen auf 200 °C vorheizen. Legen Sie einen Backstein auf die mittlere Schiene. Ein flaches Backblech mit Backpapier auslegen (drehen Sie das Backblech um und bearbeiten Sie die Rückseite, wenn Sie einen Backstein verwenden).

n) Überprüfen Sie die Baguettes, indem Sie den Teig einstechen. Es sollte leicht zurückfedern, eine Vertiefung hinterlassen und sich wie ein Marshmallow anfühlen.

o) Wenn die Baguettes zum Backen bereit sind, heben Sie sie vorsichtig an und legen Sie sie mit einem Abstand von 5 cm voneinander auf das vorbereitete Backblech. Achten Sie darauf, die Baguettes beim Umfüllen nicht zu entleeren.

p) Halten Sie eine Lahm- oder Rasierklinge in einem 30-Grad-Winkel und ritzen Sie schnell, aber leicht fünf Linien diagonal über die Oberseite der Baguettes, etwa ¼ Zoll tief und 2 Zoll voneinander entfernt. Tauchen Sie die Klinge zwischen den Broten in Wasser, um klebrigen Teig zu lösen.

q) Legen Sie das Backblech in den Ofen oder schieben Sie bei Verwendung eines Backsteins das Backpapier vom Backblech auf den Backstein.

r) Besprühen Sie die Brote insgesamt 4 bis 5 Mal mit Wasser und schließen Sie die Ofentür. Nach 3 Minuten Backzeit erneut aufsprühen und nach weiteren 3 Minuten erneut sprühen, dabei jedes Mal schnell vorgehen, um die Ofenhitze nicht zu verlieren.

s) Insgesamt 24 bis 28 Minuten backen, bis die Brote tief goldbraun sind.

t) Legen Sie die Brote vor dem Schneiden 15 bis 20 Minuten lang auf ein Kühlregal.

47. Baguettes Au Levain

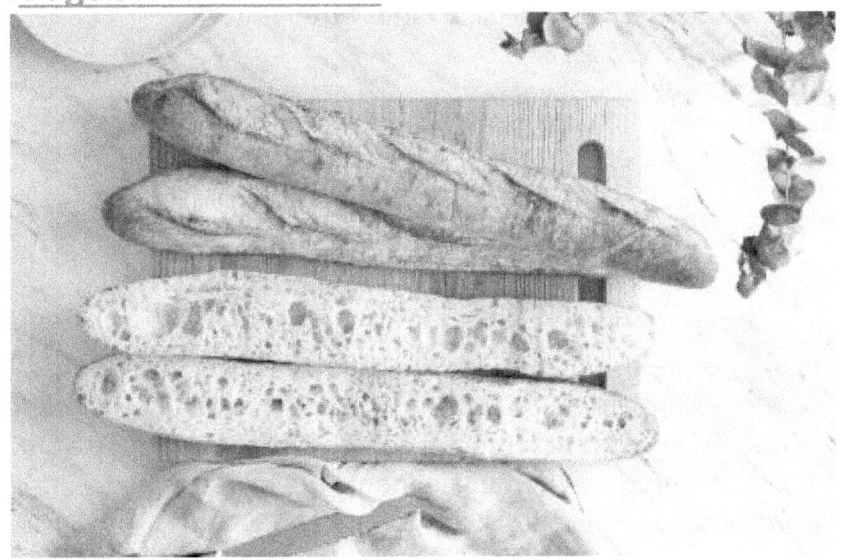

ZUTATEN:
- 1¼ Tasse Starter, bei Zimmertemperatur.
- ¼ Tasse Wasser
- 2 Teelöffel Olivenöl
- 2½ Tasse Brotmehl
- ¾ Teelöffel Salz
- 1½ Esslöffel Zucker
- 2 Teelöffel Hefe

ANWEISUNGEN:

a) Nehmen Sie die Vorspeise am Abend vor dem Brotbacken aus dem Kühlschrank. Füttere den Starter und lass ihn auf Raumtemperatur kommen, während er das Futter verdaut. Geben Sie die Zutaten in der angegebenen Reihenfolge in die Pfanne. Teig vorbereiten, Start drücken.

b) Wenn der Vorgang abgeschlossen ist, den Teig herausnehmen, die Gase ausdrücken, in eine Schüssel geben, mit einem feuchten Geschirrtuch abdecken und 30 Minuten ruhen lassen.

c) Streuen Sie Maismehl auf die Arbeitsfläche, formen Sie den Teig zu zwei dünnen Zylindern, legen Sie die Brote in die Baguetteform, decken Sie sie mit einem Geschirrtuch ab und lassen Sie sie 12 bis 24 Stunden im Kühlschrank gehen.

d) Aus dem Kühlschrank nehmen, mit Wasser beträufeln und ruhen lassen, bis es vollständig aufgegangen ist. Nochmals mit Wasser bestreuen und im herkömmlichen Ofen bei 180 °C 30 Minuten lang backen, bis es braun und knusprig ist. Für wirklich knuspriges Brot während des Backens alle 5 Minuten mit Wasser besprühen!

48. Pain d'Épi

ZUTATEN:
- 1¾ Tassen Wasser, bei Raumtemperatur, aufgeteilt
- 2 Teelöffel Instanthefe, geteilt
- 5 Tassen minus 1½ Esslöffel Brotmehl (oder T55-Mehl), aufgeteilt
- 1 Esslöffel koscheres Salz

ANWEISUNGEN:

a) Machen Sie eine pâte fermentée: In einer mittelgroßen Schüssel ½ Tasse Wasser mit einer Prise Hefe verrühren. Fügen Sie 1¼ Tassen Mehl und 1 Teelöffel Salz hinzu. Rühren, bis ein zottiger Teig entsteht. Drehen Sie den Teig auf die Arbeitsfläche und kneten Sie ihn 1 bis 2 Minuten lang, bis er gut vermischt ist. Die Mischung wird klebrig sein. Den Teig wieder in die Schüssel geben, mit einem Handtuch abdecken und 2 bis 4 Stunden bei Zimmertemperatur ruhen lassen oder über Nacht in den Kühlschrank stellen. Die Größe sollte sich verdoppeln.

b) Machen Sie den Teig: Geben Sie die restlichen 1¼ Tassen Wasser und die restliche Hefe zur pâte fermentée und zerkleinern Sie den Teig mit den Fingern in die Flüssigkeit. Die restlichen 3⅔ Tassen Mehl und die restlichen 2 Teelöffel Salz hinzufügen und etwa 1 Minute lang verrühren, bis ein zottiger Teig entsteht.

c) Legen Sie den Teig auf eine saubere Arbeitsfläche und kneten Sie ihn 8 bis 10 Minuten lang (oder geben Sie ihn in eine Küchenmaschine und kneten Sie ihn 6 bis 8 Minuten lang bei niedriger Geschwindigkeit), bis er glatt, dehnbar und geschmeidig ist. Wenn Sie mit der Hand kneten, widerstehen Sie dem Drang, mehr Mehl hinzuzufügen; Der Teig wird bei der Verarbeitung von Natur aus weniger klebrig.

d) Dehnen Sie den Teig, um die richtige Glutenentwicklung zu überprüfen. Wenn es zu schnell reißt und sich rau anfühlt, kneten Sie es weiter, bis es glatt und geschmeidig ist.

e) Wenn Sie den Teig mit der Hand kneten, geben Sie ihn zurück in die Schüssel. Mit einem Handtuch abdecken und 1 Stunde ruhen lassen, bis sich das Volumen verdoppelt hat.

f) Bemehlen Sie Ihre Arbeitsfläche leicht und lösen Sie den Teig mit einem Plastikschaber aus der Schüssel. Teilen Sie den Teig mit einem Metallschaber in vier gleiche Abschnitte (jeweils etwa 250 Gramm). Mit einem Handtuch abdecken und 5 bis 10 Minuten ruhen lassen.

g) Arbeiten Sie abschnittsweise und drücken Sie den Teig mit den Fingerspitzen vorsichtig in ein grobes Rechteck. Falten Sie das obere Viertel nach unten zur Mitte und dann das untere Viertel nach oben zur Mitte, sodass sie sich treffen.

h) Zum Verkleben leicht entlang der Naht drücken. Falten Sie die obere Hälfte des Teigs über die untere Hälfte, sodass ein Klotz entsteht. Verschließen Sie die Naht mit dem Handballen oder den Fingerspitzen.

i) Drehen Sie den Teig vorsichtig um, sodass sich die Naht unten befindet, und bewegen Sie die Enden des Laibs mit den Händen hin und her, um eine Fußballform zu erhalten. Arbeiten Sie dann mit den Händen von der Mitte des Laibs nach außen zu den Rändern, um ihn auf 12 bis 14 Zoll zu verlängern. Wiederholen Sie dies mit den restlichen Abschnitten.

j) Zwei Backbleche mit Backpapier auslegen. Übertragen Sie vorsichtig zwei Brote auf jedes vorbereitete Backblech im Abstand von 10 bis 12 cm.

k) Halten Sie die Schere in einem 45-Grad-Winkel und schneiden Sie etwa 5 cm vom Ende entfernt in ein Baguette (in einem Zug fast den gesamten Laib durchschneiden, sodass die Scherenspitzen nur etwa 2 cm vom Ende des Teigs entfernt sind). . Legen Sie das Stück sofort aber vorsichtig auf die rechte Seite. Machen Sie einen zweiten Schnitt etwa 5 cm entlang des Laibs und legen Sie das Teigstück nach links. Wiederholen Sie den Vorgang abwechselnd mit der Seite, auf die Sie den Teig bewegen, bis Sie den ganzen Laib geschnitten haben.

l) Mit Handtüchern abdecken und 1 Stunde gehen lassen, bis die Konsistenz eine Marshmallow-artige Konsistenz hat. Wenn Sie den Teig einstechen, sollte er leicht zurückspringen und eine Vertiefung hinterlassen. Nach 30 Minuten Garzeit den Ofen auf 200 °C vorheizen.

m) Wenn die Brote zum Backen bereit sind, schieben Sie die Backbleche in den Ofen. Besprühen Sie die Brote insgesamt 4 bis 5 Mal mit Wasser und schließen Sie die Tür. Nach 3 Minuten Backzeit erneut aufsprühen und nach weiteren 3 Minuten erneut aufsprühen, dabei schnell vorgehen, um die Ofenhitze nicht zu verlieren. Insgesamt 24 bis 28 Minuten backen, dabei die Position der Bleche nach der Hälfte der Backzeit drehen, um eine gleichmäßige Bräunung zu erzielen, bis die Brote tief goldbraun sind.

n) Legen Sie die Brote vor dem Servieren 10 bis 15 Minuten lang auf ein Kühlregal.

49. Pain d'Épi Aux Herbes

ZUTATEN:
- 1¼ Tassen warmes Wasser, geteilt
- 0,63-Unzen-Packung Instant-Sauerteighefe
- 4 Tassen Brotmehl, geteilt
- 2¾ Teelöffel koscheres Salz
- 1 Teelöffel Knoblauchpulver
- 1 Teelöffel gehackter frischer Rosmarin
- 1 Teelöffel gehackter frischer Salbei
- 1 Teelöffel gehackter frischer Thymian
- ½ Teelöffel gemahlener schwarzer Pfeffer
- 1½ Tassen kochendes Wasser
- Kräuter-Olivenöl zum Servieren

ANWEISUNGEN:

a) In der Schüssel einer Küchenmaschine mit Rühraufsatz ¾ Tasse (180 Gramm) warmes Wasser und Instant-Sauerteighefe mit der Hand verrühren, bis sie sich aufgelöst hat. Fügen Sie 1⅓ Tassen (169 Gramm) Mehl hinzu und schlagen Sie bei niedriger Geschwindigkeit etwa 30 Sekunden lang, bis alles gut vermischt ist. Abdecken und an einem warmen, zugfreien Ort 30 bis 45 Minuten gehen lassen, bis sich das Volumen verdoppelt hat.

b) Salz, Knoblauchpulver, Rosmarin, Salbei, Thymian, schwarzen Pfeffer, die restlichen 2⅔ Tassen (339 Gramm) Mehl und die restlichen ½ Tasse (120 Gramm) warmes Wasser zur Hefemischung geben und bei niedriger Geschwindigkeit schlagen, bis der Teig zusammenkommt, etwa 30 Minuten Sekunden. Wechseln Sie zum Knethakenaufsatz. 2 Minuten bei niedriger Geschwindigkeit schlagen.

c) Eine große Schüssel leicht einölen. Geben Sie den Teig in die Schüssel und drehen Sie ihn, um die Oberseite einzufetten. Abdecken und an einem warmen, zugfreien Ort etwa ½ Stunden lang glatt und elastisch stehen lassen, dabei alle 30 Minuten wenden.

d) Den Teig auf eine sehr leicht bemehlte Fläche geben und in zwei Hälften teilen. Eine Hälfte vorsichtig zu einem 23 x 10 cm großen Rechteck formen. Falten Sie eine kurze Seite über das mittlere

Drittel und drücken Sie sie zusammen, um sie zu verschließen. Das verbleibende Drittel über den gefalteten Teil falten und zum Verschließen zusammendrücken. Drehen Sie den Teig um, so dass die Nahtseite nach unten liegt. Abdecken und 20 Minuten stehen lassen. Mit der restlichen Teighälfte wiederholen.

e) Ein umrandetes Backblech mit Backpapier auslegen, so dass der Überschuss etwas über den Rand der Form hinausragt. Kräftig mit Mehl bestäuben.

f) Klopfen Sie jedes Baguette vorsichtig in ein 20 x 15 cm großes Rechteck, wobei die Längsseite Ihnen zugewandt sein sollte. Das obere Drittel des Teigs zur Mitte falten und festdrücken. Falten Sie das untere Drittel über den gefalteten Teil und drücken Sie es fest, um es zu verschließen. Falten Sie den Teig der Länge nach in zwei Hälften, sodass die langen Kanten aufeinander treffen. Drücken Sie die Kanten mit dem Handballen fest an, um sie zu versiegeln. Rollen Sie es zu einem 15 bis 16 Zoll großen Stamm mit gleichmäßiger Dicke und verjüngen Sie die Enden leicht.

g) Legen Sie 1 Holzscheit mit der Nahtseite nach unten auf die vorbereitete Pfanne und lehnen Sie ihn an einer Längsseite der Pfanne an. Ziehen Sie das Pergament hoch und falten Sie es, um auf der gegenüberliegenden Seite des Baumstamms eine Wand zu bilden. Legen Sie den restlichen Baumstamm mit der Nahtseite nach unten auf die andere Seite der Pergamentwand. Wiederholen Sie den Zieh- und Faltvorgang mit dem Pergament, um auf der gegenüberliegenden Seite des zweiten Baumstamms eine Wand zu bilden, und beschweren Sie es mit einem Küchentuch, um ein Verrutschen des Pergaments zu verhindern. Abdecken und an einem warmen, zugfreien Ort 45 bis 50 Minuten gehen lassen, bis es leicht aufgebläht ist.

h) Stellen Sie eine große gusseiserne Pfanne auf die untere Schiene des Ofens und ein Backblech mit Rand auf die mittlere Schiene. Den Ofen auf 475 °F vorheizen.

i) Übertragen Sie die Teigstücke vorsichtig auf ein Blatt Pergamentpapier. Die Oberfläche gründlich mit Mehl bestäuben. Machen Sie mit einer Küchenschere einen schnellen, sauberen 45-

Grad-Schnitt etwa 1½ Zoll vom Ende eines Stammes entfernt und schneiden Sie dabei etwa drei Viertel durch.

j) Drehen Sie das Teigstück vorsichtig zur Seite. Machen Sie einen zweiten Schnitt 1½ Zoll vom ersten entfernt und drehen Sie das Teigstück vorsichtig auf die gegenüberliegende Seite. Wiederholen Sie diesen Vorgang, bis Sie das Ende des Baumstamms erreicht haben, sodass eine Weizenstängelform entsteht. Wiederholen Sie den Vorgang mit dem verbleibenden Protokoll.

k) Vorgeheizte Pfanne aus dem Ofen nehmen. Legen Sie das Backpapier mit dem Teig vorsichtig auf die Backform und schieben Sie es zurück in den Ofen. Gießen Sie vorsichtig 1½ Tassen kochendes Wasser in die vorgeheizte Pfanne. Backofentür sofort schließen.

l) Etwa 15 Minuten backen, bis es goldbraun ist und ein in der Mitte eingesetztes sofort ablesbares Thermometer 205 °F (96 °C) anzeigt. In der Pfanne auf einem Kuchengitter abkühlen lassen.

m) Mit Kräuter-Olivenöl servieren.

50. Fouée

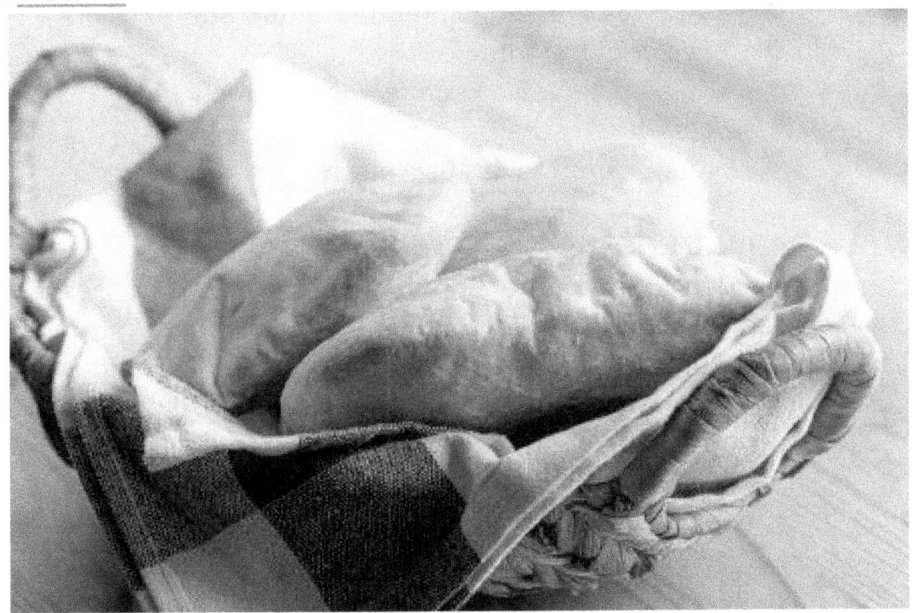

ZUTATEN:
- 1½ Tassen Wasser, bei Zimmertemperatur
- 2 Teelöffel Instanthefe
- 5 Tassen minus 1½ Esslöffel Allzweckmehl (oder T55-Mehl)
- 1 Esslöffel koscheres Salz
- Öl zum Einfetten des Backblechs

ANWEISUNGEN:

a) Den Teig zubereiten: In einer Schüssel Wasser und Hefe vermischen, dann Mehl und Salz unterrühren. Von Hand 6 bis 8 Minuten lang kneten (oder 4 bis 6 Minuten in einer Küchenmaschine bei niedriger Geschwindigkeit), bis alles gut vermischt und glatt ist. Wenn Sie in einem Mixer arbeiten, müssen Sie den Teig möglicherweise von Hand verarbeiten, da er etwas schwer ist. Mit einem Handtuch oder einer Plastikfolie abdecken und 1 Stunde oder bis sich das Volumen verdoppelt hat, beiseite stellen. Dies hängt von der Temperatur in Ihrer Küche ab.

b) Formen und backen: Bemehlen Sie Ihre Arbeitsfläche leicht und lösen Sie den Teig mit einem Plastikschaber aus der Schüssel. Mit einem Metallschaber in 8 gleich große Stücke zu je etwa 115 Gramm portionieren.

c) Ziehen Sie mit den Fingerspitzen die Ränder eines Teigstücks nach innen und arbeiten Sie dabei im Uhrzeigersinn um den Teig herum, bis alle Ränder in die Mitte gefaltet sind.

d) Zum Anhaften leicht zusammendrücken. Sie sollten sehen, wie sich die Teigfalten in der Mitte treffen und eine Naht bilden. (Achten Sie darauf, den Teig nicht zu kneten oder zu stark zu entlüften.)

e) Drehen Sie jede Runde um. Legen Sie beide Hände um die Basis und ziehen Sie die Runde mit dem Griff des Tisches in Ihre Richtung, indem Sie sie dabei drehen, um die Naht zu straffen. Wiederholen Sie dies mit den restlichen Runden. Mit einem Handtuch abdecken und 5 bis 10 Minuten ruhen lassen.

f) 4 Runden auf einen kleinen Teller geben, mit einem Handtuch oder einer Plastikfolie abdecken und in den Kühlschrank stellen. Die restlichen Runden abdecken und 5 bis 10 Minuten ruhen lassen.

g) Heizen Sie den Ofen auf 475 °F vor. Legen Sie einen Backstein oder ein geöltes schweres Backblech auf die mittlere Schiene des Ofens.

h) Bestäuben Sie Ihre Arbeitsfläche mit Mehl und rollen Sie die 4 ungekühlten Teigrunden zu ¼ Zoll dicken Kreisen aus. Achten Sie bei der Dicke genau darauf: Zu dicker Teig geht nicht auf, zu dünner Teig wird zu Crackern. Wenn der Teig beim Ausrollen zurückschrumpft, decken Sie ihn ab, lassen Sie ihn weitere 10 Minuten ruhen und versuchen Sie es dann erneut.

i) Ohne Deckel 15 bis 20 Minuten gehen lassen oder bis es leicht aufgebläht ist. In der Zwischenzeit die 4 gekühlten Runden ausrollen.

j) Legen Sie die ersten 4 Stücke schnell und vorsichtig mit einem Abstand von mindestens 5 cm auf den Backstein oder das Backblech. 8 bis 10 Minuten backen, bis es aufgebläht und stellenweise leicht goldbraun ist.

k) Aus dem Ofen nehmen, auf ein Kühlregal legen und die restlichen Stücke backen, wenn sie leicht aufgebläht sind und 15 bis 20 Minuten ruhen lassen.

l) Vor dem Teilen und Füllen 5 bis 10 Minuten abkühlen lassen.

51. Fougasse

ZUTATEN:
- 1¾ Tassen Wasser, bei Raumtemperatur, aufgeteilt
- 2 Teelöffel Instanthefe, geteilt
- 5 Tassen minus 1½ Esslöffel Brotmehl (oder T55-Mehl), aufgeteilt
- 2 Esslöffel Olivenöl, plus etwas mehr zum Beträufeln
- 1 Esslöffel koscheres Salz, plus mehr zum Bestreuen

ANWEISUNGEN:

a) Machen Sie eine pâte fermentée: In einer Schüssel ½ Tasse Wasser mit einer Prise Hefe verrühren. Fügen Sie 1¼ Tassen Mehl und 1 Teelöffel Salz hinzu. Rühren, bis ein zottiger Teig entsteht. Drehen Sie den Teig auf die Arbeitsfläche und kneten Sie ihn 1 bis 2 Minuten lang, bis er gut vermischt ist. Die Mischung wird klebrig sein. Den Teig wieder in die Schüssel geben, mit einem Handtuch abdecken und 2 bis 4 Stunden bei Zimmertemperatur ruhen lassen oder über Nacht in den Kühlschrank stellen. Die Größe sollte sich verdoppeln.

b) Machen Sie den Teig: Geben Sie die restlichen 1¼ Tassen Wasser und die restliche Hefe zur pâte fermentée und zerkleinern Sie den Teig mit den Fingern in die Flüssigkeit. Die restlichen 3⅔ Tassen Mehl, das Öl und die restlichen 2 Teelöffel Salz hinzufügen und etwa 1 Minute lang verrühren, bis ein zottiger Teig entsteht.

c) Den Teig auf eine saubere Arbeitsfläche geben und 8 bis 10 Minuten lang kneten, bis er glatt, dehnbar und geschmeidig ist. Wenn Sie mit der Hand kneten, widerstehen Sie dem Drang, mehr Mehl hinzuzufügen. Der Teig wird bei der Verarbeitung von Natur aus weniger klebrig.

d) Dehnen Sie den Teig, um die richtige Glutenentwicklung zu überprüfen. Wenn es zu schnell reißt und sich rau anfühlt, kneten Sie es weiter, bis es glatt und geschmeidig ist.

e) Wenn Sie den Teig mit der Hand kneten, geben Sie ihn zurück in die Schüssel. Mit einem Handtuch abdecken und 1 Stunde ruhen lassen, bis sich das Volumen verdoppelt hat.

f) Formen und backen: Bemehlen Sie Ihre Arbeitsfläche leicht und lösen Sie den Teig mit einem Plastikschaber aus der Schüssel. Teilen

Sie den Teig mit einem Metallschaber in vier gleiche Abschnitte (jeweils etwa 250 Gramm). Mit einem Handtuch abdecken und 5 bis 10 Minuten ruhen lassen. Zwei Backbleche mit Backpapier auslegen.

g) Bestäuben Sie die Kugeln mit Mehl und drücken Sie sie zunächst mit den Fingerspitzen und dann, falls gewünscht, mit einem Nudelholz zu einem groben Oval mit einer Dicke von etwas mehr als ¼ Zoll flach.

h) Schneiden Sie mit einem Küchenmesser im 45-Grad-Winkel dekorative Linien in den Teig. Stellen Sie sicher, dass Sie den Teig vollständig durchschneiden und die Schnitte mindestens einen Zentimeter voneinander entfernt sind.

i) Übertragen Sie vorsichtig zwei Brote auf jedes vorbereitete Backblech und lassen Sie sie einige Zentimeter voneinander entfernt. Dehnen Sie sie vorsichtig, um sicherzustellen, dass die Schnitte beim Backen offen bleiben.

j) Decken Sie die Brote mit Handtüchern ab und lassen Sie sie 30 bis 45 Minuten lang gehen, bis sie eine Marshmallow-artige Konsistenz haben. Wenn Sie den Teig einstechen, sollte er leicht zurückspringen und eine Vertiefung hinterlassen. Nach 15 Minuten Garzeit den Ofen auf 200 °C vorheizen.

k) Wenn die Brote zum Backen bereit sind, schieben Sie die Backbleche in den Ofen. Besprühen Sie die Brote vier- oder fünfmal mit Wasser und schließen Sie die Tür.

l) Nach 3 Minuten Backzeit erneut aufsprühen und nach weiteren 3 Minuten erneut aufsprühen, dabei schnell vorgehen, um die Ofenhitze nicht zu verlieren. Insgesamt 18 bis 20 Minuten lang backen, bis die Brote tief goldbraun sind. Dabei die Position der Bleche nach der Hälfte der Backzeit drehen, um eine gleichmäßige Bräunung zu erzielen.

m) Nehmen Sie die Bleche aus dem Ofen und stellen Sie sie zum etwas Abkühlen beiseite.

n) Vor dem Servieren mit Olivenöl beträufeln und mit Salz bestreuen.

52.Fougasse à l'Ail

ZUTATEN:
- 2 Tassen Brotmehl
- 1 großer Esslöffel Hefe
- 1½ Tasse warmes Wasser
- Meersalz zum Garnieren
- 1½ Kilogramm Mehl
- 1½ Esslöffel Salz
- 100 ml Olivenöl
- 1 Esslöffel Hefe
- 1 Esslöffel gehackter frischer Knoblauch
- 1 Tasse warmes Wasser; (ca.)

ANWEISUNGEN:

a) Für die Vorspeise Mehl, Hefe und Wasser vermischen, bis die Mischung einem halbdicken Teig ähnelt. Zugedeckt in einer nicht reaktiven Schüssel bis zu 3 Tage lang gehen lassen, um ein schönes, reifes Aroma zu entwickeln.

b) Starter, Mehl, Salz, Hefe, Knoblauch und die Hälfte des Öls mit etwa 1 Tasse warmem Wasser zu einem weichen Teig verrühren.

c) Auf einer bemehlten Arbeitsfläche kneten, bis der Teig seidig glatt ist. Bei Bedarf Mehl hinzufügen, bis der Teig nicht mehr klebrig ist.

d) Lassen Sie den Teig in einer geölten Schüssel etwa 2 Stunden lang gehen, bis er sich verdoppelt hat.

e) Teilen Sie den Teig in 6 oder 8 Stücke und formen Sie ovale Formen von etwa 2 cm. dick. Schneiden Sie mit einem scharfen Messer diagonale Schnitte in den Teig und dehnen Sie ihn dann vorsichtig, um die Löcher zu öffnen. Mit aromatisiertem Öl Ihrer Wahl bestreichen und mit Meersalz bestreuen.

f) 20 Minuten gehen lassen und dann bei 225 °C backen. 15–20 Minuten backen, während des Backens zweimal mit Wasser besprühen.

g) Aus dem Ofen nehmen und noch einmal mit Olivenöl bestreichen.

53.Fougasse Au Romarin

ZUTATEN:
- ½ Portion knuspriges Brot
- 3 Esslöffel frischer Rosmarin, gehackt

ANWEISUNGEN:

a) Den Teig vermischen.

b) Nachdem der Teig 1½ bis 2 Stunden lang zum ersten Mal aufgegangen ist, kann er zu einer Fougasse geformt werden. Legen Sie den Teig auf eine leicht bemehlte Fläche und formen Sie ihn zu einem langen, schmalen Rechteck. Streuen Sie eine Schicht gehackten Rosmarin über die Oberfläche des Teigs und achten Sie darauf, dass auch die Ränder bedeckt sind.

c) Falten Sie den Teig in Drittel wie einen Geschäftsbrief, wobei das obere Drittel über der Mitte des Teigs liegt, dann das untere Drittel darüber, sodass beide vollständig überlappend sind. Drücken Sie die 3 offenen Seiten der Fougasse fest zu.

d) Decken Sie das Brot gut mit Frischhaltefolie ab und lassen Sie es etwa 1 bis 2 Stunden gehen, bis sich sein Volumen verdoppelt hat.

e) Heizen Sie den Ofen 30 Minuten vor dem Backen auf 475 Grad F vor. Legen Sie einen Backstein zum Vorheizen in den Ofen und positionieren Sie einen Ofenrost direkt unter dem Stein.

f) Bestreuen Sie eine Schale oder ein umgedrehtes Backblech großzügig mit Maismehl, legen Sie die Fougasse darauf und dehnen Sie sie leicht, sodass ein Quadrat entsteht.

g) Schneiden Sie mit einem Teigschneider ein dekoratives Muster, zum Beispiel ein Blatt oder eine Leiter, in den Teig. Den Laib ausbreiten und dehnen, bis die Schnitte große Öffnungen bilden.

h) Stellen Sie sicher, dass die Fougasse von der Schale gelöst ist, und schieben Sie sie dann vorsichtig auf den Backstein. Besprühen Sie das Brot mit einem Pflanzensprühgerät 8 bis 10 Mal schnell mit Wasser und schließen Sie dann schnell die Ofentür. Nach 1 Minute erneut besprühen. Dann 1 Minute später erneut besprühen.

i) Etwa 10 Minuten lang backen, dann die Temperatur auf 450 Grad reduzieren und 15 Minuten länger backen oder bis der Laib beim Klopfen auf den Boden leicht hohl klingt und die Kruste mittel- bis dunkelbraun ist.

j) Legen Sie das Brot vor dem Servieren auf einen Rost, um es mindestens 30 Minuten lang abzukühlen.

54. Pain De Campagne

ZUTATEN:
- ¼ Tasse Sauerteig-Vorspeise oder Pâte fermentée (hier)
- 1¼ Tassen Wasser, bei Zimmertemperatur
- 2¾ Tassen plus 1 Esslöffel Brotmehl (oder T55-Mehl)
- ⅔ Tasse Roggenmehl (oder T170-Mehl)
- 1 Esslöffel koscheres Salz

ANWEISUNGEN:

a) Den Teig zubereiten: In einer mittelgroßen Schüssel Sauerteig, Wasser, Brotmehl und Roggenmehl verrühren. Das Salz hinzufügen und rühren, bis ein zottiger Teig entsteht.

b) Drehen Sie den Teig auf eine saubere Arbeitsfläche und kneten Sie ihn 8 bis 10 Minuten lang, bis er glatt, dehnbar und geschmeidig ist. Wenn Sie mit der Hand kneten, widerstehen Sie dem Drang, mehr Mehl hinzuzufügen. Der Teig wird bei der Verarbeitung von Natur aus weniger klebrig.

c) Dehnen Sie den Teig, um die richtige Glutenentwicklung zu überprüfen. Wenn es zu schnell reißt und sich eine raue Textur anfühlt, kneten Sie weiter, bis eine glatte und geschmeidige Textur entsteht.

d) Wenn Sie den Teig mit der Hand kneten, geben Sie ihn zurück in die Schüssel. Mit einem Handtuch abdecken und 1 bis 3 Stunden ruhen lassen, bis sich das Volumen verdoppelt hat.

e) Ein Banneton oder eine mit einem Handtuch ausgelegte Schüssel bemehlen. Bemehlen Sie Ihre Arbeitsfläche leicht und lösen Sie den Teig mit einem Plastikschaber aus der Schüssel.

f) Ziehen Sie die Teigkanten mit den Fingerspitzen nach innen und arbeiten Sie dabei im Uhrzeigersinn um den Teig herum, bis alle Kanten zur Mitte hin gefaltet sind. Zum Anhaften leicht zusammendrücken. Sie sollten sehen, wie sich die Teigfalten in der Mitte treffen und eine Naht bilden. Den Teig umdrehen.

g) Die glatte Oberseite des Teigs bemehlen und den runden Teig mit der Naht nach oben in den vorbereiteten Korb legen. Für einen Laib mit Ringelmuster entfernen Sie die Einlage aus dem Gärkorb und bemehlen Sie ihn, bevor Sie den Teig hineinlegen.

h) Mit einem Handtuch abdecken und 1 bis 1½ Stunden gehen lassen, bis die Konsistenz hell ist und sich das Volumen verdoppelt hat. Wenn Sie den Teig einstechen, sollte er leicht zurückspringen und eine Vertiefung hinterlassen.

i) Nach 30 Minuten Garzeit heizen Sie den Ofen mit einem Backstein, einem Backblech oder einem Schmortopf (mit Deckel) auf 200 °C vor, um ihn beim Aufheizen des Ofens aufzuheizen.

j) Wenn der Laib zum Backen bereit ist, drehen Sie ihn vorsichtig auf ein 10 bis 12 Zoll großes Quadrat Pergamentpapier. Halten Sie ein Laib im 90-Grad-Winkel und ritzen Sie mit schnellen, leichten Bewegungen ein großes X in die Mitte des Laibs, ¼ Zoll tief.

k) Wenn Sie ein Backblech verwenden, stürzen Sie den aufgegangenen Laib auf ein mit Backpapier ausgelegtes Backblech und legen Sie ihn in den vorgeheizten Ofen. Wenn Sie einen Backstein verwenden, schieben Sie das Backpapier mit dem Laib darauf auf die Rückseite eines Backblechs und dann vom Backblech auf den erhitzten Backstein im Ofen.

l) Reduzieren Sie die Ofentemperatur auf 450 °F, bespritzen Sie den Laib vier- oder fünfmal mit Wasser und schließen Sie die Tür. Nach 3 Minuten Backzeit erneut aufsprühen, dann noch einmal nach weiteren 3 Minuten, dabei jedes Mal schnell vorgehen, um die Ofenhitze nicht zu verlieren.

m) Insgesamt 25 bis 30 Minuten backen, bis die Kruste tief goldbraun ist und ein in die Mitte des Laibs eingeführter Temperaturfühler etwa 205 °F anzeigt. Schieben Sie den Laib mithilfe des Backpapiers aus dem Ofen und legen Sie ihn auf ein Abkühlgitter.

n) Wenn Sie einen holländischen Ofen oder eine Cocotte verwenden: Nehmen Sie den Topf aus dem Ofen, decken Sie ihn ab und legen Sie den Laib mit dem Backpapier hinein.

o) Abdecken und 20 Minuten backen, dann den Deckel abnehmen und weitere 10 bis 15 Minuten backen, bis der Laib tief goldbraun ist. Benutzen Sie die Kanten des Backpapiers wie eine Schlinge, um den Laib aus dem Topf auf ein Kühlregal zu heben. (Es ist nicht notwendig, Brote, die in einem Dutch Oven oder Cocottee gebacken wurden, zu bespritzen, da der geschlossene Topf dafür sorgt, dass das Brot selbst dampft.)

p) Lassen Sie das Brot 15 bis 20 Minuten ruhen, bevor Sie es in Scheiben schneiden.

55. Boule De Pain

ZUTATEN:
- 1½ Tassen Wasser, zimmerwarm, aufgeteilt
- 2 Teelöffel Instanthefe, geteilt
- 3¾ Tassen Brotmehl (oder T55-Mehl), geteilt
- ¼ Tasse Vollkornmehl (oder T150-Mehl)
- 1 Esslöffel koscheres Salz

ANWEISUNGEN:
MACHEN SIE EINEN POOL:
a) In einer Schüssel ¾ Tasse plus 2 Esslöffel Wasser mit einer Prise Hefe verrühren. Fügen Sie 1¾ Tassen Brotmehl hinzu. Rühren, bis eine glatte Paste entsteht. Mit einem Handtuch abdecken und 2 bis 4 Stunden bei Zimmertemperatur stehen lassen oder über Nacht in den Kühlschrank stellen. Die Größe sollte sich verdoppeln.

DEN TEIG ZUBEREITEN:
b) Fügen Sie die restliche ⅔ Tasse Wasser und die restliche Hefe zum Poolish hinzu und zerkleinern Sie den Teig mit den Fingern in die Flüssigkeit. Die restlichen 2 Tassen Brotmehl, das Vollkornmehl und das Salz hinzufügen und etwa 1 Minute lang verrühren, bis ein zottiger Teig entsteht. Den Teig auf eine saubere Arbeitsfläche legen und 8 bis 10 Minuten lang kneten, bis der Teig glatt, dehnbar und geschmeidig ist. Wenn Sie mit der Hand kneten, widerstehen Sie dem Drang, mehr Mehl hinzuzufügen. Der Teig wird bei der Verarbeitung von Natur aus weniger klebrig.

c) Dehnen Sie den Teig, um die richtige Glutenentwicklung zu überprüfen. Wenn es zu schnell reißt und sich rau anfühlt, kneten Sie es weiter, bis es glatt und geschmeidig ist.

d) Wenn Sie den Teig mit der Hand kneten, geben Sie ihn zurück in die Schüssel. Mit einem Handtuch abdecken und 1 Stunde ruhen lassen, bis sich das Volumen verdoppelt hat.

e) Formen und backen: Einen Banneton-Formkorb oder eine mit einem Handtuch ausgelegte Schüssel bemehlen. Bemehlen Sie Ihre Arbeitsfläche leicht und lösen Sie den Teig mit einem Plastikschaber aus der Schüssel.

f) Ziehen Sie die Teigkanten mit den Fingerspitzen nach innen und arbeiten Sie dabei im Uhrzeigersinn um den Teig herum, bis alle

Kanten zur Mitte hin gefaltet sind. Zum Anhaften leicht zusammendrücken. Sie sollten sehen, wie sich die Teigfalten in der Mitte treffen und eine Naht bilden.

g) Den Teig umdrehen. Legen Sie beide Hände um die Basis und ziehen Sie die Runde mit dem Griff des Tisches in Ihre Richtung, indem Sie sie dabei drehen, um die Naht zu straffen. Bemehlen Sie die glatte Oberseite und legen Sie den runden Teig mit der Naht nach oben in den vorbereiteten Korb oder die Schüssel.

h) Mit einem Handtuch abdecken und 1 bis 1½ Stunden gehen lassen, bis die Konsistenz hell ist und sich das Volumen verdoppelt hat. Wenn Sie den Teig einstechen, sollte er leicht zurückspringen und eine Vertiefung hinterlassen. Nach 30 Minuten Proofzeit

i) Heizen Sie den Ofen auf 475 °F vor, mit einem Backstein, einem Backblech oder einem Schmortopf darin, um sich beim Aufheizen des Ofens aufzuheizen.

j) Wenn der Laib zum Backen bereit ist, drehen Sie ihn vorsichtig auf ein 10 bis 12 Zoll großes Quadrat Pergamentpapier. Verwenden Sie einen Fräser oder ein Rasiermesser, um mit schnellen, leichten Bewegungen dekorativ zu ritzen.

k) Den aufgegangenen Laib auf dem Backpapier auf ein Backblech schieben und in den vorgeheizten Backofen schieben. Wenn Sie einen Backstein verwenden, schieben Sie das Backpapier mit dem Laib darauf auf die Rückseite eines Backblechs und dann vom Backblech auf den erhitzten Backstein im Ofen. (Wenn Sie einen holländischen Ofen verwenden, fahren Sie mit Schritt 12 fort.)

l) Reduzieren Sie die Ofentemperatur auf 450 °F, besprtizen Sie den Laib vier- oder fünfmal mit Wasser und schließen Sie die Tür. Nach 3 Minuten Backzeit erneut aufsprühen und nach weiteren 3 Minuten erneut sprühen, dabei jedes Mal schnell vorgehen, um die Ofenhitze nicht zu verlieren. Insgesamt 25 bis 30 Minuten backen, bis die Kruste tief goldbraun ist und ein in die Mitte des Laibs eingeführter Temperaturfühler etwa 200 °F anzeigt. (Ich überprüfe die Temperatur gerne, indem ich die Sonde an der Seite des Laibs einführe und nicht an der Oberseite, damit das Loch nicht sichtbar ist.) Schieben Sie den Laib auf ein Kühlregal.

m) Wenn Sie einen holländischen Ofen verwenden, nehmen Sie den Topf aus dem Ofen, decken Sie ihn ab und legen Sie den Laib mithilfe des Backpapiers hinein. Abdecken und 20 Minuten backen, dann den Deckel abnehmen und weitere 10 bis 15 Minuten backen, bis der Laib tief goldbraun ist und die Temperatur etwa 200 °F beträgt. Benutzen Sie die Kanten des Backpapiers wie eine Schlinge, um den Laib aus dem Topf auf ein Kühlregal zu heben.

n) Lassen Sie das Brot 15 bis 20 Minuten abkühlen, bevor Sie es in Scheiben schneiden.

56.La Petite Boule De Pain

ZUTATEN:
- 7 Tassen Brotmehl
- ¾ Tasse hartes rotes Mehl
- ¾ Tasse Dinkelmehl
- 2¾ Tasse Wasser
- 1 ¾ Esslöffel Salz
- 1 ½ Teelöffel Hefe
- 2 ½ Teelöffel Zucker
- ⅓ Tasse Leinsamen, Sesam oder Kürbiskerne

ANWEISUNGEN:
a) Zuerst müssen Sie Ihre Hefe ansetzen. Dazu verwenden Sie idealerweise einen großen Messbecher, in den Sie Ihren Zucker und Ihre Trockenhefe geben, bei 65 °C erhitzen und mit einem Löffel verrühren, bis sich alles aufgelöst hat, und dann ruhen lassen 10 Minuten lang, bis es so aussieht.
b) Wiegen Sie Mehl und Salz ab und legen Sie sie auf Ihre Arbeitsplatte. Achten Sie darauf, dass überall ungefähr die gleiche Menge vorhanden ist, da sonst die Flüssigkeit im Inneren verdunstet und Sie an keiner Stelle eine Öffnung haben möchten, sonst geraten Sie in Schwierigkeiten.
c) Mit den Fingern im Kreis verrühren und langsam das Mehl dazugeben, bis ein schöner Teig entsteht.
d) Sobald Sie einen schönen Teig haben, möchten Sie ihn 5 Minuten lang mit der Hand kneten und dabei versuchen, das darin enthaltene Gluten zu entwickeln. Zum Schluss fügen Sie das Getreide Ihrer Wahl hinzu
e) Sobald Sie das getan haben, lassen Sie den Teig in einer mit einem feuchten Tuch bedeckten Schüssel 2 bis 3 Stunden lang in Ihrem Ofen gehen.
f) Wenn Sie keinen Gärschrank haben, ist es ganz einfach: Benutzen Sie Ihren Gas- oder Elektroofen, stellen Sie eine Schüssel mit warmem Wasser auf den Boden und schalten Sie Ihren Ofen für etwa 3 Minuten auf eine beliebige Temperatur ein und schalten Sie ihn dann aus.

g) Sobald der Teig aufgegangen ist, legen Sie ihn mit sehr wenig Mehl auf die Arbeitsplatte und kneten Sie ihn nicht. Drücken Sie ihn einfach flach und falten Sie den Teig. Er sollte ziemlich elastisch sein. Nehmen Sie also ein Ende, das nördliche Ende des Teigs, und bringen Sie ihn zu sich Machen Sie im Süden ein paar Mal dasselbe für alle Ecken, drehen Sie es dann um und runden Sie die „Kugel" auf.

h) Durch das Falten erhält das Brot die nötige Kraft zum Aufgehen. Sobald Sie es umgedreht haben, lassen Sie es noch einmal etwa eine Stunde lang mit einem feuchten Handtuch bei Raumtemperatur auf der Arbeitsplatte gehen.

i) Heizen Sie kurz vor der vollen Stunde Ihren Ofen auf 225 °C vor und stellen Sie Ihre gusseiserne Pfanne oder einen schweren ofenfesten Topf mit dicht schließendem Deckel ohne Deckel hinein. Sie benötigen den Deckel, sobald das Brot drin ist.

j) Mit einer Rasierklinge oder einem scharfen Messer die Oberseite zweimal einschneiden und bemehlen (das gibt der Oberseite eine schöne Konsistenz). Dann nimmst du den Teig mit der Hand und gibst ihn in deinen schweren, ofenfesten Topf mit aufgesetztem Deckel 20 Minuten.

k) Nach diesen ersten 20 Minuten die Temperatur auf 200 °C senken und den Kuchen weitere 20 Minuten ohne Deckel backen.

l) Nach diesen 40 Minuten nehmen Sie es aus dem Ofen, nehmen es aus dem Topf, lassen es auf einem Gitter abkühlen und schon haben Sie es.

m) Um Ihr Brot etwas länger aufzubewahren, haben Sie mehrere Möglichkeiten: Nach einem Tag können Sie es in Scheiben schneiden und einfrieren, in einem Zip-Lock oder Sie können es ganz so lassen, wie es ist, aber Sie müssen es in eine Folie einwickeln Handtuch jedes Mal, wenn Sie damit fertig sind. so hält es 3 Tage.

n) Wenn Sie etwas weniger festes Brot mögen, verdoppeln Sie die Hefemenge und lassen Sie den Teig länger ruhen. In unserer Familie mögen wir dickes Brot :-)

57.Schmerz abgeschlossen

ZUTATEN:
- ¾ Tasse Wasser, bei Raumtemperatur, geteilt
- 2 Esslöffel Honig
- 1½ Teelöffel Instanthefe, geteilt
- 2¼ Tassen Vollkornmehl (oder T150-Mehl), aufgeteilt
- 1½ Teelöffel koscheres Salz

ANWEISUNGEN:

a) Machen Sie einen Poolish: In einer mittelgroßen Schüssel ½ Tasse Wasser, Honig und eine Prise Hefe verrühren, dann 1 Tasse Mehl. Rühren, bis eine dicke Paste entsteht. Mit einem Handtuch abdecken und 2 bis 4 Stunden bei Zimmertemperatur stehen lassen oder über Nacht in den Kühlschrank stellen. Die Größe sollte sich verdoppeln.

b) Machen Sie den Teig: Fügen Sie die restliche ¼ Tasse Wasser und die restliche Hefe hinzu und zerkleinern Sie den Teig mit den Fingern in die Flüssigkeit. Die restlichen 1¼ Tassen Mehl und das Salz hinzufügen und etwa 1 Minute lang verrühren, bis ein zottiger Teig entsteht. Legen Sie den Teig auf eine saubere Arbeitsfläche und kneten Sie ihn 8 bis 10 Minuten lang (oder geben Sie ihn in eine Küchenmaschine und kneten Sie ihn 6 bis 8 Minuten lang bei niedriger Geschwindigkeit), bis er glatt, dehnbar und geschmeidig ist. Wenn Sie mit der Hand kneten, widerstehen Sie dem Drang, mehr Mehl hinzuzufügen; Der Teig wird bei der Verarbeitung von Natur aus weniger klebrig. Wenn Sie den Teig mit der Hand kneten, geben Sie ihn zurück in die Schüssel. Mit einem Handtuch abdecken und 1 Stunde ruhen lassen, bis sich das Volumen verdoppelt hat.

c) Formen und backen: Bemehlen Sie Ihre Arbeitsfläche leicht und lösen Sie den Teig mit einem Plastikschaber aus der Schüssel.

d) Ziehen Sie die Teigkanten mit den Fingerspitzen nach innen und arbeiten Sie dabei im Uhrzeigersinn um den Teig herum, bis alle Kanten zur Mitte hin gefaltet sind. Zum Anhaften leicht zusammendrücken.

e) Sie sollten sehen, wie sich die Teigfalten in der Mitte treffen und eine Naht bilden.

f) Den Teig umdrehen. Legen Sie beide Hände um die Basis und ziehen Sie die Runde mit dem Griff des Tisches zu sich hin, wobei

Sie sich dabei drehen, um die Naht zu straffen. Mit einem Handtuch abdecken und 5 bis 10 Minuten ruhen lassen.

g) Drücken Sie die Runde mit den Fingerspitzen vorsichtig zu einem groben Oval. Falten Sie das obere Drittel des Teigs zu sich hin und drücken Sie leicht entlang der Naht, damit er festklebt. Rollen Sie den Teig erneut über sich selbst, sodass ein Klotz entsteht, und verschließen Sie die Naht mit dem Handballen oder den Fingerspitzen. Stellen Sie sicher, dass Ihre Bank leicht bemehlt ist. Sie möchten nicht, dass zu viel Druck auf den Teig ausgeübt wird, aber Sie möchten auch nicht, dass der Teig gleitet statt rollt. Sollte der Teig rutschen, bürsten Sie überschüssiges Mehl weg und befeuchten Sie Ihre Hände leicht.

h) Drehen Sie den Teig vorsichtig um, sodass sich die Naht unten befindet, und bewegen Sie die Enden des Laibs mit den Händen hin und her, um eine Fußballform zu erhalten.

i) Arbeiten Sie dann mit den Händen von der Mitte des Laibs nach außen zu den Rändern, um ihn leicht auf eine Länge von etwa 20 cm zu verlängern. Auf ein mit Backpapier ausgelegtes Backblech geben.

j) Decken Sie den Teig mit einem Handtuch ab und lassen Sie ihn etwa eine Stunde lang ruhen, bis er eine Marshmallow-ähnliche Konsistenz hat. Wenn Sie den Teig einstechen, sollte er leicht zurückspringen und eine Vertiefung hinterlassen. Nach 30 Minuten Garzeit den Ofen auf 200 °C vorheizen.

k) Wenn der Laib zum Backen bereit ist, halten Sie eine Lamelle in einem 30-Grad-Winkel und ritzen Sie ihn mit schnellen, leichten Bewegungen dekorativ ein, um parallele diagonale Linien entlang der Länge des Laibs zu erzeugen.

l) Legen Sie das Backblech in den Ofen, besprühen Sie den Laib vier- oder fünfmal mit Wasser und schließen Sie die Tür. Nach 3 Minuten Backzeit erneut aufsprühen und nach weiteren 3 Minuten erneut aufsprühen, dabei schnell vorgehen, um die Ofenhitze nicht zu verlieren. Insgesamt 20 bis 25 Minuten backen, bis der Laib tief goldbraun ist und die Innentemperatur etwa 200 °F beträgt.

m) Legen Sie den Laib vor dem Schneiden 15 bis 20 Minuten lang auf ein Kühlregal.

58.Pain Aux Noix

ZUTATEN:
- 1½ Tassen Wasser, bei Zimmertemperatur
- 3 Esslöffel Honig
- 2 Teelöffel Instanthefe
- 2⅔ Tassen Vollkornmehl (oder T150-Mehl)
- 1½ Tassen Brotmehl (oder T55-Mehl)
- 1 Esslöffel koscheres Salz
- 1½ Tassen grob gehackte Walnüsse

ANWEISUNGEN:

a) Den Teig zubereiten: In einer mittelgroßen Schüssel Wasser, Honig und Hefe verrühren. Vollkorn- und Brotmehl sowie Salz hinzufügen. Rühren, bis ein zottiger Teig entsteht. Drehen Sie den Teig auf eine saubere Arbeitsfläche und kneten Sie ihn 8 bis 10 Minuten lang (oder geben Sie ihn in eine Küchenmaschine und kneten Sie ihn 6 bis 8 Minuten lang bei niedriger Geschwindigkeit), bis er glatt, dehnbar und geschmeidig ist. Dehnen Sie den Teig, um die richtige Glutenentwicklung zu überprüfen. Wenn es zu schnell reißt und sich rau anfühlt, kneten Sie es weiter, bis es glatt und geschmeidig ist. Walnüsse unterkneten.

b) Wenn Sie den Teig mit der Hand kneten, geben Sie ihn zurück in die Schüssel. Mit einem Handtuch abdecken und 1 Stunde ruhen lassen, bis sich das Volumen verdoppelt hat. (Dieser Zeitpunkt variiert je nach Küchentemperatur.)

c) Bemehlen Sie Ihre Arbeitsfläche leicht und lösen Sie den Teig mit einem Plastikschaber aus der Schüssel. Teilen Sie den Teig in zwei Teile und verwenden Sie dabei eine Waage, um sicherzustellen, dass die Gewichte gleich sind, falls Sie eine haben.

d) Ziehen Sie mit den Fingerspitzen die Ränder eines Teigstücks nach innen und arbeiten Sie dabei im Uhrzeigersinn um den Teig herum, bis alle Ränder in die Mitte gefaltet sind. Zum Anhaften leicht zusammendrücken. Sie sollten sehen, wie sich die Teigfalten in der Mitte treffen und eine Naht bilden. (Achten Sie darauf, den Teig nicht zu kneten oder zu stark zu entleeren.) Drehen Sie den Teig um. Legen Sie beide Hände um die Basis und ziehen Sie die Runde mit dem Griff des Tisches zu sich hin, wobei Sie sich dabei drehen, um die Naht zu straffen. Mit der restlichen Runde wiederholen. Mit einem Handtuch abdecken und 5 bis 10 Minuten ruhen lassen.

e) Arbeiten Sie mit einer Runde nach der anderen und drücken Sie sie vorsichtig zu einem groben Oval. Falten Sie das obere Drittel des Teigs zu sich hin und drücken Sie leicht entlang der Naht, damit er festklebt. Rollen Sie den Teig erneut über sich selbst, um einen Klotz zu bilden, und verschließen Sie die Naht mit dem Handballen oder den Fingerspitzen. Stellen Sie sicher, dass Ihre Bank leicht bemehlt ist. Sie möchten nicht, dass zu viel Druck auf den Teig ausgeübt wird, aber Sie möchten auch nicht, dass er gleitet statt rollt. Sollte der Teig rutschen, bürsten Sie überschüssiges Mehl weg und befeuchten Sie Ihre Hände leicht.

f) Drehen Sie den Teig vorsichtig um, sodass sich die Naht unten befindet, und bewegen Sie die Enden des Laibs mit den Händen hin und her, um eine Fußballform zu erhalten.

g) Arbeiten Sie dann mit den Händen von der Mitte jedes Laibs nach außen zu den Rändern, um es leicht zu verlängern, bis es 20 bis 25 cm lang ist. Beide Brote auf ein mit Backpapier ausgelegtes Backblech legen und dabei einen Abstand von mindestens einigen Zentimetern einhalten.

h) Mit einem Handtuch abdecken und etwa eine Stunde lang gehen lassen, bis die Konsistenz eine Marshmallow-artige Konsistenz hat. Wenn Sie den Teig einstechen, sollte er leicht zurückspringen und eine Vertiefung hinterlassen. Nach 30 Minuten Garzeit den Ofen auf 200 °C vorheizen.

i) Wenn die Brote zum Backen bereit sind, halten Sie einen Lamelle in einem 30-Grad-Winkel und ritzen Sie ihn mit schnellen, leichten Bewegungen dekorativ ein, um zwei oder drei parallele diagonale Linien entlang der Länge des Laibs zu erzeugen.

j) Legen Sie das Backblech in den Ofen, bespritzen Sie es vier- oder fünfmal mit Wasser und schließen Sie die Tür. Nach 3 Minuten Backzeit erneut aufsprühen und nach weiteren 3 Minuten erneut aufsprühen, dabei schnell vorgehen, um die Ofenhitze nicht zu verlieren. Insgesamt 20 bis 25 Minuten backen, bis die Brote tief goldbraun sind und die Innentemperatur etwa 190 °F beträgt.

k) Legen Sie die Brote vor dem Schneiden 15 bis 20 Minuten lang auf ein Kühlregal.

59. Gibassier

ZUTATEN:
- 4 Tassen Mehl
- 10 g Hefe oder Bikarbonat
- 150 g Puderzucker
- 130g Olivenöl
- 130g lauwarmer Weißwein
- 1 Prise Salz
- 1 Tasse gehobelter grüner Anis
- 4 cl Orangenblüten

ANWEISUNGEN:

a) Lösen Sie die Hefe in einem Behälter mit etwas warmem Wasser auf.

b) Geben Sie 500 g Mehl hinzu und graben Sie einen Brunnen hinein.

c) In die Mitte 130 g Olivenöl, 150 g Zucker, 1 Prise Salz und 1 Esslöffel sowie gehobelten grünen Anis geben.

d) Hefe und Orangenblüten dazugeben und den Teig gut vermischen.

e) Nach und nach den lauwarmen Weißwein hinzufügen, bis eine glatte Paste entsteht.

f) Den Teig teilen und 2 kleine Teigstücke formen.

g) Jedes Teigstück zu einem 1 cm dicken kleinen Kuchen ausrollen. Auf ein mit Backpapier ausgelegtes Backblech legen, mit einer Rolle oder einem Messer fünfmal einschneiden und über Nacht im Ofen ruhen lassen.

h) Am nächsten Tag den Backofen auf 180 °C vorheizen, mit hellem Rohrzucker bestreuen und 25 bis 30 Minuten backen.

60. Pain Au Son

ZUTATEN:
- 10 g frische Bäckerhefe
- 150 g Kleie
- 250g Dinkelmehl
- 50g Roggenmehl
- 1 Tasse Salz

ANWEISUNGEN:
a) In einer Schüssel 100 g Kleie in 2 dl Wasser 1 Stunde lang einweichen und dann abtropfen lassen.
b) Geben Sie die beiden Mehle in eine andere Schüssel und formen Sie eine Fontäne. Gießen Sie die zerbröckelte Hefe, das Salz und dann die Kleiemischung hinein.
c) Alles 10 bis 15 Minuten lang kneten, bis ein gleichmäßiger Teig entsteht. Decken Sie die Schüssel mit einem feuchten Tuch ab und lassen Sie sie an einem warmen Ort ohne Zugluft etwa 1 Stunde und 30 Minuten gehen.
d) Den Teig auf einer bemehlten Arbeitsfläche etwa zehn Minuten lang kneten und dann einen länglichen Laib formen.
e) Den Backofen auf 180°C (Stufe 6) vorheizen.
f) Eine große Form einfetten und mit der restlichen Kleie auslegen.
g) Den Teig in die Form füllen und weitere 30 Minuten gehen lassen.
h) Das Brot etwa 50 Minuten backen.
i) Abkühlen lassen. Entformen.

61. Faluche

ZUTATEN:
- 4 Tassen Allzweckmehl
- 10g Salz
- 10g Zucker
- 10g aktive Trockenhefe
- 300 ml lauwarmes Wasser
- 2 Esslöffel Olivenöl

ANWEISUNGEN:

a) Bereiten Sie die Hefemischung vor: Lösen Sie in einer kleinen Schüssel den Zucker und die Hefe in lauwarmem Wasser auf. Lassen Sie es 5 Minuten ruhen, bis es schaumig wird.

b) Die trockenen Zutaten mischen. In einer großen Rührschüssel Mehl und Salz vermischen.

c) Den Teig formen: In die Mitte der trockenen Zutaten eine Mulde drücken und die Hefemischung und das Olivenöl hineingießen. Das Mehl nach und nach unter die feuchten Zutaten mischen, bis ein Teig entsteht.

d) Den Teig kneten: Den Teig auf eine bemehlte Fläche geben und 10 Minuten lang kneten, bis er glatt und elastisch wird.

e) Den Teig gehen lassen: Den Teig in eine leicht geölte Schüssel geben, mit einem feuchten Küchentuch abdecken und an einem warmen Ort 1 bis 2 Stunden gehen lassen, bis er sein Volumen verdoppelt hat.

f) Vorheizen und formen: Heizen Sie Ihren Backofen auf 220 °C (425 °F) vor und legen Sie zum Vorheizen einen Backstein oder ein Backblech hinein. Sobald der Teig aufgegangen ist, drücken Sie ihn vorsichtig durch und formen Sie ihn zu einem runden oder ovalen Laib.

g) Endgültiges Aufgehen: Übertragen Sie den geformten Teig auf ein Stück Pergamentpapier. Mit einem feuchten Küchentuch abdecken und 15 Minuten ruhen lassen.

h) Backen: Übertragen Sie das Backpapier mit dem Teig vorsichtig auf den vorgeheizten Backstein oder das Backblech. 15 bis 20 Minuten backen, bis die Faluche goldbraun wird und hohl klingt, wenn man auf den Boden klopft.

i) Abkühlen lassen und genießen: Die Faluche aus dem Ofen nehmen und auf einem Kuchengitter abkühlen lassen. Nach dem Abkühlen in Scheiben schneiden und nach Belieben servieren.

62. Pain De Seigle

ZUTATEN:
- 1 ¾ Tassen Roggenmehl
- 2 Tassen Brotmehl
- 2 Teelöffel Salz
- 2 Teelöffel Zucker
- 2 ¼ Teelöffel aktive Trockenhefe
- 1 ⅓ Tassen warmes Wasser

ANWEISUNGEN:

a) In einer großen Rührschüssel Roggenmehl, Brotmehl, Salz und Zucker vermischen. Gut vermischen, um die Zutaten gleichmäßig zu verteilen.

b) In einer kleinen Schüssel die Hefe in warmem Wasser auflösen. Lassen Sie es etwa 5 Minuten ruhen, bis es schaumig wird.

c) Die Hefemischung mit den trockenen Zutaten in die Schüssel geben. Rühren Sie die Mischung mit einem Holzlöffel oder Ihren Händen um, bis ein klebriger Teig entsteht.

d) Geben Sie den Teig auf eine bemehlte Fläche und kneten Sie ihn etwa 8–10 Minuten lang, bis er glatt und elastisch ist. Fügen Sie bei Bedarf weiteres Mehl hinzu, um ein Anhaften zu verhindern, aber achten Sie darauf, nicht zu viel hinzuzufügen.

e) Den Teig in eine leicht gefettete Schüssel geben und mit einem sauberen Küchentuch oder einer Plastikfolie abdecken. Lassen Sie es an einem warmen, zugfreien Ort etwa 1 bis 1 ½ Stunden lang gehen, oder bis es sein Volumen verdoppelt hat.

f) Sobald der Teig aufgegangen ist, lassen Sie ihn vorsichtig entlüften, indem Sie mit den Fingerspitzen darauf drücken. Den Teig zu einem runden Laib formen oder in eine gefettete Kastenform legen.

g) Decken Sie den Teig locker mit einem Küchentuch ab und lassen Sie ihn weitere 30–45 Minuten gehen, oder bis er leicht aufgegangen ist.

h) In der Zwischenzeit heizen Sie Ihren Backofen auf 220 °C (425 °F) vor. Wenn Sie einen Backstein verwenden, legen Sie ihn beim Vorheizen in den Ofen.

i) Sobald der Teig fertig aufgegangen ist, entfernen Sie das Handtuch und legen Sie den Laib auf ein Backblech oder direkt auf den vorgeheizten Backstein.

j) Backen Sie den Pain de Seigle etwa 35–40 Minuten lang oder bis die Kruste tief goldbraun ist und der Laib beim Klopfen auf den Boden hohl klingt.

k) Nehmen Sie das Brot aus dem Ofen und lassen Sie es auf einem Kuchengitter abkühlen, bevor Sie es in Scheiben schneiden und servieren.

l) Genießen Sie Ihr hausgemachtes Pain de Seigle mit seinem reichen Geschmack und seiner sättigenden Textur!

63.Miche

ZUTATEN:
- 4 Tassen Brotmehl
- ¾ Tasse Vollkornmehl
- 2 Teelöffel Salz
- 2 ¼ Teelöffel aktive Trockenhefe
- 1 ½ Tassen warmes Wasser

ANWEISUNGEN:

a) In einer großen Rührschüssel Brotmehl, Vollkornmehl und Salz vermischen. Gut vermischen, um die Zutaten gleichmäßig zu verteilen.

b) In einer kleinen Schüssel die Hefe in warmem Wasser auflösen. Lassen Sie es etwa 5 Minuten ruhen, bis es schaumig wird.

c) Die Hefemischung mit den trockenen Zutaten in die Schüssel geben. Rühren Sie die Mischung mit einem Holzlöffel oder Ihren Händen um, bis ein klebriger Teig entsteht.

d) Geben Sie den Teig auf eine bemehlte Fläche und kneten Sie ihn etwa 8–10 Minuten lang, bis er glatt und elastisch ist. Fügen Sie bei Bedarf weiteres Mehl hinzu, um ein Anhaften zu verhindern, aber achten Sie darauf, nicht zu viel hinzuzufügen.

e) Den Teig in eine leicht gefettete Schüssel geben und mit einem sauberen Küchentuch oder einer Plastikfolie abdecken. Lassen Sie es an einem warmen, zugfreien Ort etwa 1 bis 1 ½ Stunden lang gehen, oder bis es sein Volumen verdoppelt hat.

f) Sobald der Teig aufgegangen ist, lassen Sie ihn vorsichtig entlüften, indem Sie mit den Fingerspitzen darauf drücken. Formen Sie den Teig zu einem runden Laib, indem Sie die Ränder nach unten klappen und ihn in kreisenden Bewegungen drehen.

g) Legen Sie die geformte Miche auf ein mit Backpapier ausgelegtes Backblech. Decken Sie es locker mit einem Küchentuch ab und lassen Sie es weitere 30–45 Minuten gehen, oder bis es leicht aufgebläht ist.

h) Heizen Sie in der Zwischenzeit Ihren Backofen auf 220 °C (425 °F) vor und stellen Sie einen flachen Topf mit heißem Wasser auf die untere Schiene. Dadurch entsteht im Ofen Dampf, der für eine knusprige Kruste sorgt.

i) Sobald die Miche fertig aufgegangen ist, entfernen Sie das Handtuch und schieben Sie das Backblech vorsichtig in den vorgeheizten Ofen. Etwa 35–40 Minuten backen oder bis der Laib goldbraun ist und hohl klingt, wenn man auf die Unterseite klopft.

j) Nehmen Sie die Miche aus dem Ofen und lassen Sie sie auf einem Gitter abkühlen, bevor Sie sie in Scheiben schneiden und servieren.

ITALIENISCHES BROT

64. Grissini Alle Erbe

ZUTATEN:
- 1 Laib französisches Brot, (8 Unzen)
- 1 Esslöffel Olivenöl
- 1 Knoblauchzehe, halbiert
- ¾ Teelöffel getrockneter Oregano
- ¾ Teelöffel getrocknetes Basilikum
- ⅛ Teelöffel Salz

ANWEISUNGEN:
a) Das Brot quer halbieren und jedes Stück horizontal halbieren.
b) Die geschnittenen Seiten des Brotes gleichmäßig mit Öl bestreichen; mit Knoblauch einreiben. Oregano, Basilikum und Salz über das Brot streuen. Schneiden Sie jedes Stück Brot der Länge nach in 3 Stangen.
c) Grissini auf ein Backblech legen; 25 Minuten bei 300 Grad backen oder bis es knusprig ist.

65. Pane Pugliese

ZUTATEN:
- 4 Tassen Brotmehl
- 1 ½ Teelöffel aktive Trockenhefe
- 2 Tassen warmes Wasser
- 2 Teelöffel Salz
- Extra natives Olivenöl (zum Einfetten)
- Maismehl (zum Bestäuben)

ANWEISUNGEN:

a) In einer kleinen Schüssel die Hefe in ½ Tasse warmem Wasser auflösen. Lassen Sie es etwa 5 Minuten ruhen oder bis es schaumig wird.

b) In einer großen Rührschüssel Brotmehl und Salz vermischen.

c) Machen Sie eine Mulde in die Mitte der Mehlmischung und gießen Sie die Hefemischung und das restliche warme Wasser hinein.

d) Die Zutaten verrühren, bis ein grober Teig entsteht.

e) Geben Sie den Teig auf eine bemehlte Arbeitsfläche und kneten Sie ihn etwa 10–15 Minuten lang oder bis er glatt und elastisch ist. Bei Bedarf noch etwas Mehl hinzufügen, um ein Ankleben zu verhindern.

f) Geben Sie den Teig in eine gefettete Schüssel, decken Sie ihn mit einem sauberen Küchentuch ab und lassen Sie ihn an einem warmen Ort etwa 1–2 Stunden lang gehen, oder bis er sein Volumen verdoppelt hat.

g) Heizen Sie Ihren Backofen auf 425 °F (220 °C) vor. Wenn Sie einen Backstein haben, legen Sie ihn ebenfalls zum Vorheizen in den Ofen.

h) Sobald der Teig aufgegangen ist, drücken Sie ihn vorsichtig nach unten, um eventuelle Luftblasen zu entfernen. Formen Sie daraus einen runden oder ovalen Laib.

i) Legen Sie den geformten Laib auf ein mit Maismehl bestäubtes Backblech oder einen Pizzaschieber. Dadurch wird verhindert, dass das Brot festklebt.

j) Decken Sie den Laib mit einem sauberen Küchentuch ab und lassen Sie ihn weitere 30–45 Minuten gehen, oder bis er leicht aufgeht.

k) Machen Sie mit einem scharfen Messer ein paar flache Schnitte auf der Oberseite des Laibs. Dies trägt dazu bei, dass sich das Brot ausdehnt und eine schöne Kruste entsteht.

l) Legen Sie den Laib auf den vorgeheizten Backstein oder direkt auf das Backblech, wenn Sie keinen Stein verwenden.

m) Backen Sie das Brot im vorgeheizten Backofen etwa 30–35 Minuten lang oder bis es goldbraun wird und beim Klopfen auf den Boden hohl klingt.

n) Nach dem Backen die Pane Pugliese aus dem Ofen nehmen und auf einem Kuchengitter abkühlen lassen.

66. Grissini

ZUTATEN:
- 2 Tassen Brotmehl
- 1 Teelöffel Salz
- 1 Teelöffel Zucker
- 1 Esslöffel Olivenöl
- ¾ Tasse warmes Wasser
- Optional: Sesam oder Mohn zum Bestreuen

ANWEISUNGEN:

a) In einer Rührschüssel Brotmehl, Salz und Zucker vermischen. Gut vermischen, um die Zutaten gleichmäßig zu verteilen.

b) Machen Sie in der Mitte der trockenen Zutaten eine Mulde und gießen Sie das Olivenöl und warmes Wasser hinein.

c) Rühren Sie die Mischung mit einem Holzlöffel oder Ihren Händen um, bis ein Teig entsteht.

d) Geben Sie den Teig auf eine bemehlte Arbeitsfläche und kneten Sie ihn etwa 5–7 Minuten lang, bis er glatt und elastisch ist.

e) Teilen Sie den Teig in kleinere Portionen. Nehmen Sie jeweils eine Portion und rollen Sie sie zu einer dünnen, seilähnlichen Form mit einem Durchmesser von etwa ¼ Zoll aus.

f) Den ausgerollten Teig in 20–25 cm lange Stäbchen schneiden. Sie können sie je nach Wunsch kürzer oder länger machen.

g) Legen Sie die Grissini-Sticks auf ein mit Backpapier ausgelegtes Backblech. Lassen Sie zwischen den Stäbchen etwas Platz, damit sie sich ausdehnen können.

h) Wenn Sie möchten, können Sie die Grissini-Sticks mit Olivenöl bestreichen und Sesam- oder Mohnsamen darüber streuen, um ihnen mehr Geschmack und Konsistenz zu verleihen.

i) Heizen Sie Ihren Backofen auf 400 °F (200 °C) vor.

j) Lassen Sie die Grissini-Sticks etwa 15–20 Minuten ruhen und gehen.

k) Die Grissini im vorgeheizten Backofen etwa 15–20 Minuten backen oder bis sie goldbraun und knusprig sind.

l) Nach dem Backen die Grissini aus dem Ofen nehmen und auf einem Kuchengitter abkühlen lassen.

67. Pane Pita

ZUTATEN:
- 3 Tassen ungebleichtes Allzweckmehl
- 2 Teelöffel Instanthefe
- 2 Teelöffel Easy Roll Dough Improver
- 2 Teelöffel Kristallzucker
- 1 ½ Teelöffel Salz
- 1 Tasse Wasser
- 2 Esslöffel Pflanzenöl

ANWEISUNGEN:

a) Wiegen Sie Ihr Mehl; Oder indem Sie es vorsichtig in eine Tasse löffeln und dann den Überschuss abwischen. Mehl mit den restlichen Zutaten vermischen und zu einem zottigen/rauen Teig verrühren.

b) Den Teig mit der Hand (10 Minuten), mit dem Mixer (5 Minuten) oder mit der Brotmaschine (auf Teigzyklus eingestellt) kneten, bis er glatt ist.

c) Den Teig in eine leicht gefettete Schüssel geben und 1 Stunde ruhen lassen; Es wird ziemlich bauschig, sein Volumen wird sich jedoch möglicherweise nicht verdoppeln. Wenn Sie einen Brotbackautomaten verwendet haben, lassen Sie ihn einfach seinen Zyklus abschließen.

d) Den Teig auf eine leicht geölte Arbeitsfläche geben und in 8 Stücke teilen.

68.Pane Al Farro

ZUTATEN:
- 500 g Mehl
- 300 g Dinkelmehl (Vollkornmehl)
- 350 ml Wasser
- 25 g Olivenöl (nativ extra)
- 20 g Bierhefe (frisch)
- 20 g Salz
- 1 Teelöffel Gerstenmalz (optional)
- 100 g Samen (gemischt)

ANWEISUNGEN:

a) Um das Dinkelbrot zuzubereiten, lösen Sie zunächst die zerbröselte Bierhefe in etwas zimmerwarmem Wasser auf.

b) Geben Sie die beiden Mehle und das Gerstenmalz in eine Schüssel und vermischen Sie die trockenen Zutaten. Anschließend das Wasser, in dem Sie die Hefe aufgelöst haben, und das Olivenöl hinzufügen.

c) Fügen Sie mehr Wasser hinzu; Ich empfehle Ihnen, das Wasser nicht auf einmal hinzuzufügen. Dies ist möglicherweise nicht erforderlich, da es dennoch eine Weile dauern kann. Dies hängt von der Aufnahmefähigkeit des verwendeten Mehls ab. Beginnen Sie dann mit der Bearbeitung des Teigs mit dem Haken eines Planetenmixers und passen Sie die Zugabe von Wasser an. Sie müssen einen kompakten Teig erhalten (sozusagen kompakter als der von Pizza). Am Ende der Verarbeitung das Salz hinzufügen und erneut kneten. Zum Schluss die gemischten Samen dazugeben und noch einmal durcharbeiten, um sie gut im Teig zu verteilen

d) Den Teig mit der Hand auf einem Backbrett durchkneten und ihm eine Kugelform geben. Den Teig in eine große, gefettete Schüssel geben, mit Frischhaltefolie abdecken und an einem geschützten, warmen Ort gehen lassen (ein ausgeschalteter Ofen mit eingeschaltetem Licht reicht völlig aus).). Lassen Sie es mindestens 3-4 Stunden gehen oder bis sich sein Volumen verdoppelt hat.

e) Sobald der Teig aufgegangen ist, nehmen Sie ihn erneut, lassen Sie die Luft ab, geben Sie ihn auf ein Backbrett, drücken Sie ihn flach und machen Sie drei Falten. Wenn Sie ihn wie ein Buch falten, erhält der zweite Teig mehr Schwung. Legen Sie nun das Brot mit dem Verschluss nach unten auf ein Blatt Backpapier und legen Sie es in einen Korb, damit es in die Höhe geht.

f) Nach einer Stunde ist das Brot aufgegangen. Heizen Sie den Ofen mit dem Backblech darin auf 240° vor. Wenn es die richtige Temperatur erreicht hat, legen Sie das Brot (mit dem gesamten Backpapier) direkt auf das im Ofen vorgeheizte Blech und backen Sie das Brot auf der untersten Schiene.

g) Um den knusprigen Krusteneffekt zu erzielen, backen Sie das Brot 15 Minuten lang bei 240°, senken Sie dann die Temperatur auf 180° und lassen Sie es weitere 30 Minuten lang backen. Erhöhen Sie die Temperatur schließlich erneut für 10 Minuten auf 200°. Wenn das Brot fertig ist, nehmen Sie es aus dem Ofen und legen Sie es zum Abkühlen auf einen Rost.

h) Aufschlag

69. Focaccia

ZUTATEN:
- 2¼ Teelöffel aktive Trockenhefe
- 3 Tassen Brotmehl
- ½ Teelöffel Salz
- ½ Teelöffel Zucker
- 1 Tasse Wasser; Plus
- 2 Esslöffel Wasser
- 1 Esslöffel Olivenöl
- 2 Esslöffel natives Olivenöl extra
- 2 Teelöffel grobes Salz
- Frisch gemahlener schwarzer Pfeffer

ANWEISUNGEN:

MASCHINENVERFAHREN

a) Geben Sie die Zutaten , mit Ausnahme des Belags, in der in der Bedienungsanleitung Ihres Brotbackautomaten angegebenen Reihenfolge hinzu. Stellen Sie den Brotbackautomaten auf Teig/manuelle Einstellung. Am Ende des Programms drücken Sie Clear/Stop. Um den Teig auszustanzen, drücken Sie Start und lassen Sie ihn 60 Sekunden lang kneten. Drücken Sie erneut „Löschen/Stopp". Nehmen Sie den Teig heraus und lassen Sie ihn 5 Minuten ruhen, bevor Sie ihn von Hand formen.

b) Wenn Ihr Brotbackautomat nicht über eine Teig-/manuelle Einstellung verfügt, befolgen Sie das normale Verfahren zum Brotbacken, lassen Sie den Teig jedoch nur einmal kneten. Drücken Sie am Ende des Knetvorgangs die Lösch-/Stopptaste. Lassen Sie den Teig 60 Minuten lang gehen. Überprüfen Sie nach den ersten 30 Minuten, ob der Teig nicht zu stark aufgeht, und berühren Sie den Deckel. Drücken Sie Start und lassen Sie die Maschine 60 Sekunden lang laufen, um den Teig auszustanzen.

c) Drücken Sie erneut „Löschen/Stopp". Nehmen Sie den Teig heraus und lassen Sie ihn 5 Minuten ruhen, bevor Sie ihn von Hand formen.

HANDFORMUNGSTECHNIK:

d) Hände mit Mehl bestäuben. Den Teig mit den Fingerspitzen gleichmäßig in einer leicht geölten Backform von 13 x 9 x 1 Zoll verteilen. Mit einem sauberen Küchentuch abdecken.

e) Etwa 30 bis 60 Minuten gehen lassen, bis sich die Höhe verdoppelt hat.

f) Ofen auf 400F vorheizen.

g) Machen Sie mit den Fingerspitzen leichte Vertiefungen in die Oberfläche des aufgegangenen Teigs. Mit nativem Olivenöl extra bestreichen und mit grobem Salz und schwarzem Pfeffer bestreuen.

h) Auf der unteren Schiene des Ofens etwa 30 bis 35 Minuten backen, bis sie goldbraun sind. In der Pfanne abkühlen lassen.

i) In zwölf gleich große Stücke schneiden und bei Zimmertemperatur servieren.

70. Focaccia di Mele

ZUTATEN:
TEIG:
- 1 kleiner Apfel, entkernt und geviertelt
- 2 Tassen ungebleichtes Weißmehl
- ¼ Teelöffel Zimt
- 1 Esslöffel Zucker oder 2 TL Honig
- 1 Wenig Schnellhefe
- ¼ Teelöffel Salz
- ⅓ bis ½ Tasse heißes Leitungswasser
- ⅓ Tasse Rosinen

FÜLLUNG:
- 4 mittelgroße Äpfel
- Saft einer halben Zitrone
- Eine Prise weißen Pfeffer
- Prise Nelken
- Eine Prise Kardamom
- Prise Muskatnuss
- Eine Prise gemahlenen Ingwer
- 1 Teelöffel Vanilleextrakt
- ⅓ Tasse Zucker oder Honig
- ½ Tasse brauner Zucker oder
- 2 Esslöffel Melasse
- 1 Teelöffel Maisstärke

GLASUR:
- 2 Esslöffel Aprikosenmarmelade oder Konfitüre
- 1 Teelöffel Wasser

ANWEISUNGEN:
TEIG:
a) Den geviertelten Apfel etwa 20 Sekunden lang in der Küchenmaschine verarbeiten. In eine separate Schüssel umfüllen.

b) 2 Tassen Mehl, Zimt, Zucker oder Honig, Hefe und Salz (falls gewünscht) in die Küchenmaschine geben; 5 Sekunden verarbeiten. Verarbeiteten Apfel hinzufügen; Weitere 5 Sekunden lang verarbeiten.

c) Geben Sie bei laufendem Prozessor nach und nach ⅓ Tasse heißes Wasser durch den Einfüllstutzen hinzu. Stoppen Sie die Maschine und lassen Sie den Teig etwa 20 Sekunden ruhen. Fahren Sie mit der Verarbeitung fort und geben Sie nach und nach Wasser durch das Einfüllrohr hinzu, bis der Teig eine weiche Kugel bildet und die Seiten der Schüssel sauber sind. Pulsieren Sie noch 2 oder 3 Mal.

d) Rosinen und 1 Esslöffel Mehl auf die saubere Oberfläche streuen. Den Teig auf die Oberfläche legen und etwa 1 Minute lang kneten, um die Rosinen einzuarbeiten. Fügen Sie Mehl hinzu, wenn der Teig sehr klebrig ist.

e) Die Innenseite der Plastiktüte leicht bemehlen. Den Teig in einen Beutel geben, verschließen und 15 bis 20 Minuten an einem warmen, dunklen Ort ruhen lassen.

f) Den Teig zu einem Kreis mit einem Durchmesser von 12 bis 14 Zoll ausrollen. In eine geölte Pfanne oder eine Auflaufform legen.

g) Mit einem Küchentuch abdecken und an einen warmen Ort stellen, während die Füllung vorbereitet wird.

h) Backofen auf 400 Grad vorheizen.

FÜLLUNG:

i) Äpfel entkernen und in hauchdünne Scheiben schneiden. Zitronensaft über die Apfelscheiben streuen. Restliche Füllzutaten hinzufügen und gut vermischen.

j) Die Füllung in den Teig geben. 20 Minuten backen, dann die Pfanne um 180 Grad drehen. Reduzieren Sie die Ofentemperatur auf 375 Grad und backen Sie weitere 20 Minuten oder bis die Äpfel gebräunt sind. 5 Minuten in der Pfanne abkühlen lassen. Aus der Pfanne nehmen und auf einem Kuchengitter gründlich abkühlen lassen.

GLASUR:

k) In einem kleinen Topf Marmelade oder Konfitüre schmelzen. Wasser hinzufügen und unter kräftigem Rühren zum Kochen bringen. Glasur über die Äpfel streichen und servieren.

71. Schiacciata

ZUTATEN:
- 4 Tassen Brotmehl
- 2 Teelöffel Instanthefe
- 2 Teelöffel Salz
- 1 ½ Tassen lauwarmes Wasser
- Natives Olivenöl extra
- Grobes Meersalz
- Optional: Frischer Rosmarin oder andere Kräuter

ANWEISUNGEN:
a) In einer großen Rührschüssel Brotmehl, Instanthefe und Salz vermischen. Gut mischen.
b) Nach und nach das lauwarme Wasser zu den trockenen Zutaten geben und mit einem Löffel oder den Händen verrühren, bis ein klebriger Teig entsteht.
c) Geben Sie den Teig auf eine leicht bemehlte Arbeitsfläche und kneten Sie ihn etwa 5 Minuten lang, bis der Teig glatt und elastisch ist.
d) Geben Sie den gekneteten Teig in eine leicht geölte Schüssel, decken Sie ihn mit einem sauberen Küchentuch ab und lassen Sie ihn an einem warmen Ort etwa 1–2 Stunden lang gehen, oder bis er sein Volumen verdoppelt hat.
e) Sobald der Teig aufgegangen ist, lassen Sie ihn vorsichtig ab und legen Sie ihn auf ein mit Backpapier ausgelegtes Backblech.
f) Drücken und dehnen Sie den Teig mit den Händen so, dass er auf das Backblech passt, sodass eine rechteckige oder ovale Form entsteht. Der Teig sollte etwa ½ Zoll dick sein.
g) Olivenöl großzügig über die Teigoberfläche träufeln und mit den Händen gleichmäßig verteilen.
h) Streuen Sie grobes Meersalz darüber und drücken Sie es leicht in den Teig.
i) Optional: Streuen Sie nach Belieben frische Rosmarinblätter oder andere Kräuter über die Oberfläche der Schiacciata.
j) Decken Sie das Backblech mit einem Küchentuch ab und lassen Sie den Teig weitere 30 Minuten gehen.
k) Den Backofen auf 220 °C (425 °F) vorheizen.

l) Sobald der Teig aufgegangen ist, legen Sie das Backblech in den vorgeheizten Ofen und backen es etwa 15 bis 20 Minuten lang oder bis die Schiacciata goldbraun und an den Rändern knusprig wird.
m) Nehmen Sie die Schiacciata aus dem Ofen und lassen Sie sie auf einem Kuchengitter leicht abkühlen, bevor Sie sie in Scheiben schneiden und servieren.

72. Pane Di Altamura

ZUTATEN:
- 4 Tassen Hartweizenmehl (Semola di grano duro rimacinata)
- 1 ½ Tassen lauwarmes Wasser
- 2 Teelöffel Salz
- 1 Teelöffel Zucker
- 2 Teelöffel frische Hefe (oder 1 Teelöffel Instanthefe)
- Natives Olivenöl extra (zum Einfetten)

ANWEISUNGEN:

a) In einer großen Rührschüssel Hartweizenmehl, Salz und Zucker vermischen. Gut mischen.

b) Lösen Sie die frische Hefe in lauwarmem Wasser auf (oder befolgen Sie die Anweisungen, wenn Sie Instanthefe verwenden) und lassen Sie sie einige Minuten ruhen, bis sie schaumig wird.

c) Machen Sie in der Mitte der Mehlmischung eine Mulde und gießen Sie die Hefemischung hinein.

d) Mischen Sie die Zutaten nach und nach, entweder mit einem Löffel oder mit den Händen, bis ein klebriger Teig entsteht.

e) Den Teig auf eine leicht bemehlte Arbeitsfläche geben und etwa 10 Minuten lang kneten, bis er glatt und elastisch wird.

f) Den Teig zu einer runden Kugel formen und in eine leicht geölte Schüssel geben. Decken Sie die Schüssel mit einem sauberen Küchentuch ab und lassen Sie sie an einem warmen Ort etwa 2-3 Stunden lang gehen, oder bis sich ihr Volumen verdoppelt hat.

g) Sobald der Teig aufgegangen ist, die Luft vorsichtig ablassen und auf ein mit Backpapier ausgelegtes Backblech legen.

h) Den Teig zu einem runden oder ovalen Laib formen, sodass eine glatte Oberfläche entsteht.

i) Machen Sie mit einem scharfen Messer oder einer Rasierklinge diagonale Schnitte oder ein Kreuzmuster auf der Oberseite des Laibs.

j) Decken Sie den Laib mit einem sauberen Küchentuch ab und lassen Sie ihn weitere 1–2 Stunden gehen, oder bis er sich sichtbar ausdehnt.

k) Den Backofen auf 220 °C (425 °F) vorheizen.

l) Sobald das Brot aufgegangen ist, legen Sie es in den vorgeheizten Ofen und backen es etwa 40 bis 45 Minuten lang oder bis das Brot eine goldbraune Kruste entwickelt und beim Klopfen auf den Boden hohl klingt.

m) Nehmen Sie das Pane di Altamura aus dem Ofen und lassen Sie es auf einem Kuchengitter abkühlen, bevor Sie es in Scheiben schneiden und servieren.

73.Pane Casareccio

ZUTATEN:

- 4 Tassen Brotmehl
- 2 Teelöffel Instanthefe
- 2 Teelöffel Salz
- 1 ½ Tassen lauwarmes Wasser
- Natives Olivenöl extra (zum Einfetten)

ANWEISUNGEN:

a) In einer großen Rührschüssel Brotmehl, Instanthefe und Salz vermischen. Gut mischen.

b) Nach und nach das lauwarme Wasser zu den trockenen Zutaten geben und mit einem Löffel oder den Händen verrühren, bis ein Teig entsteht.

c) Den Teig auf eine leicht bemehlte Arbeitsfläche geben und etwa 10 Minuten lang kneten, bis er glatt und elastisch wird.

d) Den Teig zu einer runden Kugel formen und in eine leicht geölte Schüssel geben. Decken Sie die Schüssel mit einem sauberen Küchentuch ab und lassen Sie sie an einem warmen Ort etwa 1–2 Stunden lang gehen, oder bis sich ihr Volumen verdoppelt hat.

e) Sobald der Teig aufgegangen ist, die Luft vorsichtig ablassen und auf ein mit Backpapier ausgelegtes Backblech legen.

f) Formen Sie den Teig zu einem runden oder ovalen Laib, der ihm ein rustikales Aussehen verleiht. Sie können den Teig auch in kleinere Portionen teilen, um individuelle Brote zu backen.

g) Decken Sie den Laib mit einem sauberen Küchentuch ab und lassen Sie ihn weitere 1–2 Stunden gehen, oder bis er sich sichtbar ausdehnt.

h) Den Backofen auf 220 °C (425 °F) vorheizen.

i) Optional: Vor dem Backen die Oberseite des Laibs mit einem scharfen Messer oder einer Rasierklinge leicht einritzen, um ein dekoratives Muster zu erzeugen.

j) Legen Sie das Backblech mit dem Laib in den vorgeheizten Ofen und backen Sie es etwa 30 bis 35 Minuten lang oder bis das Brot eine goldbraune Kruste entwickelt und beim Klopfen auf den Boden hohl klingt.

k) Nehmen Sie den Pane Casareccio aus dem Ofen und lassen Sie ihn auf einem Kuchengitter abkühlen, bevor Sie ihn in Scheiben schneiden und servieren.

74.Pane Toscano

ZUTATEN:
- 4 Tassen Brotmehl
- 2 Teelöffel Instanthefe
- 1 ½ Tassen lauwarmes Wasser
- Natives Olivenöl extra (zum Einfetten)

ANWEISUNGEN:
a) In einer großen Rührschüssel Brotmehl und Instanthefe vermischen. Gut mischen.
b) Nach und nach das lauwarme Wasser zu den trockenen Zutaten geben und mit einem Löffel oder den Händen verrühren, bis ein klebriger Teig entsteht.
c) Den Teig auf eine leicht bemehlte Arbeitsfläche geben und etwa 10 Minuten lang kneten, bis er glatt und elastisch wird.
d) Den Teig zu einer runden Kugel formen und in eine leicht geölte Schüssel geben. Decken Sie die Schüssel mit einem sauberen Küchentuch ab und lassen Sie sie an einem warmen Ort etwa 1–2 Stunden lang gehen, oder bis sich ihr Volumen verdoppelt hat.
e) Sobald der Teig aufgegangen ist, die Luft vorsichtig ablassen und auf ein mit Backpapier ausgelegtes Backblech legen.
f) Formen Sie den Teig zu einem runden oder ovalen Laib, der ihm ein rustikales Aussehen verleiht.
g) Decken Sie den Laib mit einem sauberen Küchentuch ab und lassen Sie ihn weitere 1–2 Stunden gehen, oder bis er sich sichtbar ausdehnt.
h) Den Backofen auf 220 °C (425 °F) vorheizen.
i) Optional: Vor dem Backen die Oberseite des Laibs mit einem scharfen Messer oder einer Rasierklinge leicht einritzen, um ein dekoratives Muster zu erzeugen.
j) Legen Sie das Backblech mit dem Laib in den vorgeheizten Ofen und backen Sie es etwa 30 bis 35 Minuten lang oder bis das Brot eine goldbraune Kruste entwickelt und beim Klopfen auf den Boden hohl klingt.
k) Nehmen Sie den Pane Toscano aus dem Ofen und lassen Sie ihn auf einem Kuchengitter abkühlen, bevor Sie ihn in Scheiben schneiden und servieren.

75.Pane Di Semola

ZUTATEN:
- 4 Tassen Grießmehl
- 2 Teelöffel Instanthefe
- 2 Teelöffel Salz
- 1 ½ Tassen lauwarmes Wasser
- Natives Olivenöl extra (zum Einfetten)

ANWEISUNGEN:

a) In einer großen Rührschüssel Grießmehl, Instanthefe und Salz vermischen. Gut mischen.

b) Nach und nach das lauwarme Wasser zu den trockenen Zutaten geben und mit einem Löffel oder den Händen verrühren, bis ein klebriger Teig entsteht.

c) Den Teig auf eine leicht bemehlte Arbeitsfläche geben und etwa 10 Minuten lang kneten, bis er glatt und elastisch wird.

d) Den Teig zu einer runden Kugel formen und in eine leicht geölte Schüssel geben. Decken Sie die Schüssel mit einem sauberen Küchentuch ab und lassen Sie sie an einem warmen Ort etwa 1–2 Stunden lang gehen, oder bis sich ihr Volumen verdoppelt hat.

e) Sobald der Teig aufgegangen ist, die Luft vorsichtig ablassen und auf ein mit Backpapier ausgelegtes Backblech legen.

f) Formen Sie den Teig zu einem runden oder ovalen Laib, der ihm ein rustikales Aussehen verleiht.

g) Decken Sie den Laib mit einem sauberen Küchentuch ab und lassen Sie ihn weitere 1–2 Stunden gehen, oder bis er sich sichtbar ausdehnt.

h) Den Backofen auf 220 °C (425 °F) vorheizen.

i) Optional: Vor dem Backen die Oberseite des Laibs mit einem scharfen Messer oder einer Rasierklinge leicht einritzen, um ein dekoratives Muster zu erzeugen.

j) Legen Sie das Backblech mit dem Laib in den vorgeheizten Ofen und backen Sie es etwa 30 bis 35 Minuten lang oder bis das Brot eine goldbraune Kruste entwickelt und beim Klopfen auf den Boden hohl klingt.

k) Nehmen Sie das Pane di Semola aus dem Ofen und lassen Sie es auf einem Kuchengitter abkühlen, bevor Sie es in Scheiben schneiden und servieren.

76.Pane Al Pomodoro

ZUTATEN:
- 4 Tassen Brotmehl
- 2 Teelöffel Instanthefe
- 2 Teelöffel Salz
- 250 ml (1 Tasse) lauwarmes Wasser
- 2 Esslöffel Tomatenmark oder pürierte Tomaten
- 2 Esslöffel natives Olivenöl extra
- Getrocknete Kräuter wie Oregano, Basilikum oder Thymian (optional)

ANWEISUNGEN:

a) In einer großen Rührschüssel Brotmehl, Instanthefe und Salz vermischen. Gut mischen.

b) In einer separaten Schüssel das Tomatenmark oder die pürierten Tomaten im lauwarmen Wasser auflösen, bis alles gut vermischt ist.

c) Die Tomaten-Wasser-Mischung und das Olivenöl zu den trockenen Zutaten geben. Mit einem Holzlöffel oder einer Küchenmaschine mit Knethaken verrühren, bis ein klebriger Teig entsteht.

d) Den Teig auf eine leicht bemehlte Arbeitsfläche geben und etwa 10 Minuten lang kneten, bis er glatt und elastisch wird.

e) Geben Sie den Teig in eine leicht geölte Schüssel, decken Sie ihn mit einem sauberen Küchentuch ab und lassen Sie ihn an einem warmen Ort etwa 1–2 Stunden lang gehen, oder bis er sein Volumen verdoppelt hat.

f) Sobald der Teig aufgegangen ist, die Luft vorsichtig ablassen und auf ein mit Backpapier ausgelegtes Backblech legen.

g) Formen Sie den Teig zu einem runden oder ovalen Laib, der ihm ein rustikales Aussehen verleiht.

h) Decken Sie den Laib mit einem sauberen Küchentuch ab und lassen Sie ihn weitere 1–2 Stunden gehen, oder bis er sich sichtbar ausdehnt.

i) Den Backofen auf 220 °C (425 °F) vorheizen.

j) Optional: Bestreichen Sie vor dem Backen die Oberseite des Laibs mit Olivenöl und streuen Sie getrocknete Kräuter darüber, um ihm mehr Geschmack und Aroma zu verleihen.

k) Legen Sie das Backblech mit dem Laib in den vorgeheizten Ofen und backen Sie es etwa 30 bis 35 Minuten lang oder bis das Brot eine goldbraune Kruste entwickelt und beim Klopfen auf den Boden hohl klingt.

l) Nehmen Sie das Pane al Pomodoro aus dem Ofen und lassen Sie es auf einem Kuchengitter abkühlen, bevor Sie es in Scheiben schneiden und servieren.

77.Pane Alle Olive

ZUTATEN:
- 4 Tassen Brotmehl
- 2 Teelöffel Instanthefe
- 2 Teelöffel Salz
- 300 ml (1 ¼ Tassen) lauwarmes Wasser
- 100 g (¾ Tasse) entkernte schwarze oder grüne Oliven, gehackt oder in Scheiben geschnitten
- 2 Esslöffel natives Olivenöl extra

ANWEISUNGEN:

a) In einer großen Rührschüssel Brotmehl, Instanthefe und Salz vermischen. Gut mischen.

b) Nach und nach das lauwarme Wasser zu den trockenen Zutaten geben und mit einem Löffel oder den Händen verrühren, bis ein klebriger Teig entsteht.

c) Die gehackten oder in Scheiben geschnittenen Oliven zum Teig geben und einige Minuten kneten, bis sie gleichmäßig verteilt sind.

d) Den Teig auf eine leicht bemehlte Arbeitsfläche geben und etwa 10 Minuten weiterkneten, bis er glatt und elastisch wird.

e) Geben Sie den Teig in eine leicht geölte Schüssel, decken Sie ihn mit einem sauberen Küchentuch ab und lassen Sie ihn an einem warmen Ort etwa 1–2 Stunden lang gehen, oder bis er sein Volumen verdoppelt hat.

f) Sobald der Teig aufgegangen ist, die Luft vorsichtig ablassen und auf ein mit Backpapier ausgelegtes Backblech legen.

g) Formen Sie den Teig zu einem runden oder ovalen Laib, oder Sie können eine traditionelle „Ciabatta"-Form kreieren, indem Sie den Teig leicht flach drücken und ihn verlängern.

h) Decken Sie den Laib mit einem sauberen Küchentuch ab und lassen Sie ihn weitere 1–2 Stunden gehen, oder bis er sich sichtbar ausdehnt.

i) Den Backofen auf 220 °C (425 °F) vorheizen.

j) Die Oberseite des Laibs mit nativem Olivenöl extra beträufeln.

k) Legen Sie das Backblech mit dem Laib in den vorgeheizten Ofen und backen Sie es etwa 30 bis 35 Minuten lang oder bis das Brot eine goldbraune Kruste entwickelt und beim Klopfen auf den Boden hohl klingt.

l) Nehmen Sie die Pane alle Olive aus dem Ofen und lassen Sie sie auf einem Kuchengitter abkühlen, bevor Sie sie in Scheiben schneiden und servieren.

78. Pane Alle Noci

ZUTATEN:
- 4 Tassen Brotmehl
- 2 Teelöffel Instanthefe
- 2 Teelöffel Salz
- 300 ml (1 ¼ Tassen) lauwarmes Wasser
- 100 g (1 Tasse) Walnüsse, gehackt
- 2 Esslöffel natives Olivenöl extra

ANWEISUNGEN:

a) In einer großen Rührschüssel Brotmehl, Instanthefe und Salz vermischen. Gut mischen.

b) Nach und nach das lauwarme Wasser zu den trockenen Zutaten geben und mit einem Löffel oder den Händen verrühren, bis ein klebriger Teig entsteht.

c) Die gehackten Walnüsse zum Teig geben und einige Minuten kneten, bis sie gleichmäßig verteilt sind.

d) Den Teig auf eine leicht bemehlte Arbeitsfläche geben und etwa 10 Minuten weiterkneten, bis er glatt und elastisch wird.

e) Geben Sie den Teig in eine leicht geölte Schüssel, decken Sie ihn mit einem sauberen Küchentuch ab und lassen Sie ihn an einem warmen Ort etwa 1–2 Stunden lang gehen, oder bis er sein Volumen verdoppelt hat.

f) Sobald der Teig aufgegangen ist, die Luft vorsichtig ablassen und auf ein mit Backpapier ausgelegtes Backblech legen.

g) Den Teig zu einem runden oder ovalen Laib formen.

h) Decken Sie den Laib mit einem sauberen Küchentuch ab und lassen Sie ihn weitere 1–2 Stunden gehen, oder bis er sich sichtbar ausdehnt.

i) Den Backofen auf 220 °C (425 °F) vorheizen.

j) Die Oberseite des Laibs mit nativem Olivenöl extra beträufeln.

k) Legen Sie das Backblech mit dem Laib in den vorgeheizten Ofen und backen Sie es etwa 30 bis 35 Minuten lang oder bis das Brot eine goldbraune Kruste entwickelt und beim Klopfen auf den Boden hohl klingt.

l) Nehmen Sie das Pane alle Noci aus dem Ofen und lassen Sie es auf einem Kuchengitter abkühlen, bevor Sie es in Scheiben schneiden und servieren.

79.Pane Alle Erbe

ZUTATEN:
- 4 Tassen Brotmehl
- 2 Teelöffel Instanthefe
- 2 Teelöffel Salz
- 300 ml (1 ¼ Tassen) lauwarmes Wasser
- 2 Esslöffel natives Olivenöl extra
- 2 Esslöffel gemischte frische Kräuter (wie Rosmarin, Thymian, Basilikum, Oregano, Petersilie), fein gehackt

ANWEISUNGEN:

a) In einer großen Rührschüssel Brotmehl, Instanthefe und Salz vermischen. Gut mischen.

b) Nach und nach das lauwarme Wasser zu den trockenen Zutaten geben und mit einem Löffel oder den Händen verrühren, bis ein klebriger Teig entsteht.

c) Die gehackten frischen Kräuter zum Teig geben und einige Minuten kneten, bis sie gleichmäßig verteilt sind.

d) Den Teig auf eine leicht bemehlte Arbeitsfläche geben und etwa 10 Minuten weiterkneten, bis er glatt und elastisch wird.

e) Geben Sie den Teig in eine leicht geölte Schüssel, decken Sie ihn mit einem sauberen Küchentuch ab und lassen Sie ihn an einem warmen Ort etwa 1–2 Stunden lang gehen, oder bis er sein Volumen verdoppelt hat.

f) Sobald der Teig aufgegangen ist, die Luft vorsichtig ablassen und auf ein mit Backpapier ausgelegtes Backblech legen.

g) Den Teig zu einem runden oder ovalen Laib formen.

h) Decken Sie den Laib mit einem sauberen Küchentuch ab und lassen Sie ihn weitere 1–2 Stunden gehen, oder bis er sich sichtbar ausdehnt.

i) Den Backofen auf 220 °C (425 °F) vorheizen.

j) Die Oberseite des Laibs mit nativem Olivenöl extra beträufeln.

k) Legen Sie das Backblech mit dem Laib in den vorgeheizten Ofen und backen Sie es etwa 30 bis 35 Minuten lang oder bis das Brot eine goldbraune Kruste entwickelt und beim Klopfen auf den Boden hohl klingt.

l) Nehmen Sie das Pane alle Erbe aus dem Ofen und lassen Sie es auf einem Kuchengitter abkühlen, bevor Sie es in Scheiben schneiden und servieren.

80.Pane Di Riso

ZUTATEN:
- 1 Tasse gekochter Reis
- 4 Tassen Brotmehl
- 2 Teelöffel Instanthefe
- 2 Teelöffel Salz
- 1 Tasse lauwarmes Wasser
- 2 Esslöffel natives Olivenöl extra

ANWEISUNGEN:

a) In einer großen Rührschüssel Brotmehl, Instanthefe und Salz vermischen. Gut mischen.

b) Den gekochten Reis zu den trockenen Zutaten geben und vermischen, um ihn gleichmäßig zu verteilen.

c) Nach und nach das lauwarme Wasser zu der Mischung geben und mit einem Löffel oder den Händen verrühren, bis ein klebriger Teig entsteht.

d) Den Teig auf eine leicht bemehlte Arbeitsfläche geben und etwa 10 Minuten lang kneten, bis er glatt und elastisch wird.

e) Geben Sie den Teig in eine leicht geölte Schüssel, decken Sie ihn mit einem sauberen Küchentuch ab und lassen Sie ihn an einem warmen Ort etwa 1–2 Stunden lang gehen, oder bis er sein Volumen verdoppelt hat.

f) Sobald der Teig aufgegangen ist, die Luft vorsichtig ablassen und auf ein mit Backpapier ausgelegtes Backblech legen.

g) Den Teig zu einem runden oder ovalen Laib formen.

h) Decken Sie den Laib mit einem sauberen Küchentuch ab und lassen Sie ihn weitere 1–2 Stunden gehen, oder bis er sich sichtbar ausdehnt.

i) Den Backofen auf 220 °C (425 °F) vorheizen.

j) Die Oberseite des Laibs mit nativem Olivenöl extra beträufeln.

k) Legen Sie das Backblech mit dem Laib in den vorgeheizten Ofen und backen Sie es etwa 30 bis 35 Minuten lang oder bis das Brot eine goldbraune Kruste entwickelt und beim Klopfen auf den Boden hohl klingt.

l) Nehmen Sie das Pane di Riso aus dem Ofen und lassen Sie es auf einem Kuchengitter abkühlen, bevor Sie es in Scheiben schneiden und servieren.

81. Pane Di Ceci

ZUTATEN:

- 1½ Tassen Kichererbsenmehl
- 1 ¾ Tassen Wasser
- 3 Esslöffel natives Olivenöl extra
- 1 Teelöffel Salz
- Frischer Rosmarin oder andere Kräuter (optional)

ANWEISUNGEN:

a) In einer Rührschüssel Kichererbsenmehl und Wasser vermischen. Gut verrühren, bis die Mischung glatt und klumpenfrei ist. Lassen Sie es mindestens 1 Stunde oder sogar über Nacht ruhen, damit das Mehl Feuchtigkeit aufnehmen kann.

b) Heizen Sie den Ofen auf 220 °C (425 °F) vor und stellen Sie eine große gusseiserne Pfanne oder Auflaufform zum Erhitzen in den Ofen.

c) Nach der Ruhezeit eventuell entstandenen Schaum vom Kichererbsenteig abschöpfen.

d) Olivenöl und Salz zum Teig geben und gut verrühren.

e) Nehmen Sie die erhitzte Pfanne oder Auflaufform aus dem Ofen, gießen Sie den Teig vorsichtig hinein und verteilen Sie ihn gleichmäßig.

f) Nach Belieben frischen Rosmarin oder andere Kräuter über den Teig streuen.

g) Stellen Sie die Pfanne oder Auflaufform wieder in den Ofen und backen Sie sie etwa 20 bis 25 Minuten lang oder bis die Ränder knusprig und goldbraun sind.

h) Nehmen Sie das Pane di Ceci aus dem Ofen und lassen Sie es einige Minuten abkühlen, bevor Sie es in Spalten oder Quadrate schneiden.

i) Warm oder bei Zimmertemperatur als Beilage, Vorspeise oder Snack servieren.

82. Pane Di Patate

ZUTATEN:
- 2 ¼ Tassen Brotmehl
- 1½ Tassen gekochte und pürierte Kartoffeln
- 2 Teelöffel Instanthefe
- 2 Teelöffel Salz
- 2 Esslöffel natives Olivenöl extra
- ⅔ Tasse lauwarmes Wasser

ANWEISUNGEN:

a) In einer großen Rührschüssel Brotmehl, Instanthefe und Salz vermischen. Gut mischen.

b) Das Kartoffelpüree zu den trockenen Zutaten geben und vermischen, bis es eingearbeitet ist.

c) Nach und nach das lauwarme Wasser und das Olivenöl zu der Mischung hinzufügen und mit einem Löffel oder den Händen verrühren, bis ein klebriger Teig entsteht.

d) Den Teig auf eine leicht bemehlte Arbeitsfläche geben und etwa 10 Minuten lang kneten, bis er glatt und elastisch wird.

e) Geben Sie den Teig in eine leicht geölte Schüssel, decken Sie ihn mit einem sauberen Küchentuch ab und lassen Sie ihn an einem warmen Ort etwa 1–2 Stunden lang gehen, oder bis er sein Volumen verdoppelt hat.

f) Sobald der Teig aufgegangen ist, die Luft vorsichtig ablassen und auf ein mit Backpapier ausgelegtes Backblech legen.

g) Den Teig zu einem runden oder ovalen Laib formen.

h) Decken Sie den Laib mit einem sauberen Küchentuch ab und lassen Sie ihn weitere 1–2 Stunden gehen, oder bis er sich sichtbar ausdehnt.

i) Den Backofen auf 220 °C (425 °F) vorheizen.

j) Mit einem scharfen Messer die Oberseite des Laibs einritzen, so dass ein paar Schlitze entstehen.

k) Legen Sie das Backblech mit dem Laib in den vorgeheizten Ofen und backen Sie es etwa 30 bis 35 Minuten lang oder bis das Brot eine goldbraune Kruste entwickelt und beim Klopfen auf den Boden hohl klingt.

l) Nehmen Sie das Pane di Patate aus dem Ofen und lassen Sie es auf einem Kuchengitter abkühlen, bevor Sie es in Scheiben schneiden und servieren.

83.Taralli

ZUTATEN:
- 4 Tassen Allzweckmehl
- 2 Teelöffel Salz
- 2 Teelöffel Zucker
- 2 Teelöffel Backpulver
- 120 ml (½ Tasse) Weißwein
- 120 ml (½ Tasse) natives Olivenöl extra
- Wasser (nach Bedarf)
- Optionale Aromen: Fenchelsamen, schwarzer Pfeffer, Chiliflocken usw.

ANWEISUNGEN:
a) In einer großen Rührschüssel Mehl, Salz, Zucker und Backpulver vermischen. Gut mischen.
b) Weißwein und Olivenöl zu den trockenen Zutaten geben. Mischen, bis die Zutaten beginnen, sich zu verbinden.
c) Geben Sie nach und nach Wasser hinzu, während Sie den Teig mit den Händen kneten, bis ein glatter und leicht fester Teig entsteht. Die benötigte Wassermenge kann je nach Luftfeuchtigkeit Ihrer Umgebung variieren.
d) Fügen Sie dem Teig nach Wunsch Aromen wie Fenchelsamen, schwarzen Pfeffer oder Chiliflocken hinzu. Den Teig noch einige Male kneten, um die Aromen gleichmäßig zu verteilen.
e) Teilen Sie den Teig in kleinere Portionen und rollen Sie jede Portion zu einem dünnen Strang mit einem Durchmesser von etwa 1 cm (0,4 Zoll).
f) Schneiden Sie das Seil in kleine Stücke von etwa 7–10 cm Länge.
g) Nehmen Sie jedes Stück und fügen Sie die Enden zusammen, sodass eine Ringform entsteht.
h) Den Backofen auf 180 °C (350 °F) vorheizen.
i) Bringen Sie einen großen Topf Wasser zum Kochen. Geben Sie eine Handvoll Salz in das kochende Wasser.
j) Geben Sie vorsichtig jeweils ein paar Taralli in das kochende Wasser und kochen Sie sie etwa 1–2 Minuten lang oder bis sie an der Oberfläche schwimmen.

k) Nehmen Sie die gekochten Taralli mit einem Schaumlöffel oder Schaumlöffel aus dem Wasser und geben Sie sie auf ein mit Backpapier ausgelegtes Backblech.

l) Legen Sie die Taralli in den vorgeheizten Ofen und backen Sie sie etwa 25 bis 30 Minuten lang oder bis sie goldbraun und knusprig sind.

m) Nehmen Sie die Taralli aus dem Ofen und lassen Sie sie vor dem Servieren vollständig abkühlen.

TÜRKISCHES BROT

84. Simit

ZUTATEN:
- 4 Tassen Allzweckmehl
- 1 Esslöffel aktive Trockenhefe
- 1 Esslöffel Zucker
- 1 Teelöffel Salz
- 1 Esslöffel Pflanzenöl
- 1 ½ Tassen warmes Wasser
- ½ Tasse Melasse (zum Dippen)
- 1 Tasse Sesam (zum Bestreichen)

ANWEISUNGEN:

a) In einer kleinen Schüssel warmes Wasser, Zucker und Hefe vermischen. Lassen Sie es etwa 5 Minuten ruhen, bis es schaumig wird.

b) In einer großen Rührschüssel Mehl und Salz vermischen. Machen Sie in der Mitte eine Mulde und gießen Sie die Hefemischung und das Pflanzenöl hinein. Mit einem Holzlöffel oder den Händen verrühren, bis ein grober Teig entsteht.

c) Den Teig auf eine bemehlte Arbeitsfläche geben und etwa 8-10 Minuten lang kneten, bis er glatt und elastisch wird. Sollte der Teig zu klebrig sein, kann noch etwas Mehl hinzugefügt werden.

d) Den Teig in eine gefettete Schüssel geben und mit einem feuchten Tuch abdecken. An einem warmen Ort ca. 1-2 Stunden gehen lassen, bis sich das Volumen verdoppelt hat.

e) Heizen Sie Ihren Backofen auf 425 °F (220 °C) vor. Ein Backblech mit Backpapier auslegen.

f) Den aufgegangenen Teig ausstanzen und in kleinere Portionen teilen, etwa in der Größe eines Tennisballs. Nehmen Sie jede Portion und rollen Sie sie zu einem dünnen Strang von etwa 18 Zoll Länge.

g) Formen Sie das Seil zu einem Kreis, überlappen Sie die Enden leicht und drehen Sie sie zusammen, um sie abzudichten. Mit den restlichen Teigportionen wiederholen.

h) Gießen Sie die Melasse in eine flache Schüssel. Tauchen Sie jeden Simit in die Melasse und achten Sie darauf, dass er gleichmäßig bedeckt ist.

i) Die Sesamkörner auf einem flachen Teller verteilen. Rollen Sie die mit Melasse überzogenen Simits in den Sesamkörnern und drücken Sie sie leicht an, um sicherzustellen, dass sie am Teig haften.

j) Legen Sie die beschichteten Simits auf das vorbereitete Backblech. Lassen Sie sie etwa 10-15 Minuten ruhen.

k) Backen Sie die Simits im vorgeheizten Ofen etwa 15–20 Minuten lang oder bis sie goldbraun sind.

l) Aus dem Ofen nehmen und auf einem Kuchengitter abkühlen lassen.

85.Ekmek

ZUTATEN:
- 4 Tassen Brotmehl
- 2 Teelöffel Instanthefe
- 2 Teelöffel Salz
- 2 Tassen warmes Wasser

ANWEISUNGEN:
a) In einer großen Rührschüssel Brotmehl, Instanthefe und Salz vermischen.
b) Nach und nach das warme Wasser hinzufügen und dabei mit einem Holzlöffel oder den Händen verrühren. Mischen Sie weiter, bis sich der Teig zusammenfügt.
c) Den Teig auf eine bemehlte Arbeitsfläche geben und etwa 10-15 Minuten lang kneten, bis er glatt und elastisch wird. Sollte der Teig zu klebrig sein, können Sie während des Knetvorgangs noch etwas Mehl hinzufügen.
d) Den gekneteten Teig zurück in die Rührschüssel geben und mit einem feuchten Tuch abdecken. Lassen Sie es an einem warmen Ort etwa 1-2 Stunden lang gehen oder bis es sein Volumen verdoppelt hat.
e) Heizen Sie Ihren Backofen auf 450 °F (230 °C) vor. Wenn Sie einen Backstein oder ein Backblech haben, legen Sie dieses ebenfalls zum Vorheizen in den Ofen.
f) Sobald der Teig aufgegangen ist, drücken Sie ihn vorsichtig nach unten, um eventuelle Luftblasen zu entfernen. Den Teig auf eine bemehlte Fläche geben und zu einem runden oder ovalen Laib formen.
g) Den geformten Teig auf ein Backblech oder einen vorgeheizten Backstein legen. Machen Sie mit einem scharfen Messer ein paar diagonale Schnitte auf der Oberseite des Laibs.
h) Backen Sie den Ekmek im vorgeheizten Ofen etwa 20–25 Minuten lang oder bis er goldbraun wird und hohl klingt, wenn Sie auf den Boden klopfen.
i) Nehmen Sie den Ekmek aus dem Ofen und lassen Sie ihn auf einem Kuchengitter abkühlen, bevor Sie ihn in Scheiben schneiden und servieren.

86.Lahmacun

ZUTATEN:
FÜR DEN TEIG:
- 2 ½ Tassen Allzweckmehl
- 1 Teelöffel Salz
- 1 Teelöffel Instanthefe
- 1 Teelöffel Zucker
- 1 Esslöffel Olivenöl
- ¾ Tasse warmes Wasser

FÜR DEN BElag:
- ½ Pfund Lamm- oder Rinderhackfleisch
- 1 Zwiebel, fein gehackt
- 2 Tomaten, fein gehackt
- 1 rote Paprika, fein gehackt
- 3 Knoblauchzehen, gehackt
- 2 Esslöffel Tomatenmark
- 2 Esslöffel Olivenöl
- 2 Esslöffel Zitronensaft
- 2 Teelöffel gemahlener Kreuzkümmel
- 1 Teelöffel Paprika
- 1 Teelöffel getrockneter Oregano
- Salz und Pfeffer nach Geschmack

ANWEISUNGEN:
a) In einer Rührschüssel Mehl, Salz, Instanthefe und Zucker vermischen. Olivenöl und warmes Wasser hinzufügen. Gut vermischen, bis der Teig zusammenkommt.

b) Geben Sie den Teig auf eine bemehlte Arbeitsfläche und kneten Sie ihn etwa 5–7 Minuten lang, bis er glatt und elastisch ist. Geben Sie den Teig zurück in die Schüssel, decken Sie ihn mit einem feuchten Tuch ab und lassen Sie ihn etwa 30 Minuten ruhen.

c) Bereiten Sie in der Zwischenzeit die Topping-Mischung vor. In einer separaten Schüssel Lamm- oder Rinderhackfleisch, fein gehackte Zwiebeln, Tomaten, rote Paprika, gehackten Knoblauch, Tomatenmark, Olivenöl, Zitronensaft, gemahlenen Kreuzkümmel, Paprika, getrockneten Oregano, Salz und Pfeffer vermischen. Gut vermischen, um alle Zutaten zu vereinen.

d) Heizen Sie Ihren Backofen auf die höchste Temperaturstufe vor (normalerweise etwa 500 °F oder 260 °C).

e) Teilen Sie den Teig in kleinere Portionen. Nehmen Sie jeweils eine Portion und rollen Sie sie zu einer dünnen, runden Form mit einem Durchmesser von etwa 20–25 cm aus. Den ausgerollten Teig auf ein Backblech oder einen Pizzastein legen.

f) Verteilen Sie eine dünne Schicht der Topping-Mischung gleichmäßig auf dem Teig und lassen Sie an den Rändern einen kleinen Rand frei.

g) Wiederholen Sie den Vorgang mit den restlichen Teigportionen und der Topping-Mischung.

h) Legen Sie den vorbereiteten Lahmacun in den vorgeheizten Ofen und backen Sie ihn etwa 8–10 Minuten lang oder bis die Ränder des Teigs goldbraun werden und der Belag durchgebacken ist.

i) Nehmen Sie den Lahmacun aus dem Ofen und lassen Sie ihn einige Minuten abkühlen, bevor Sie ihn in Scheiben schneiden. Es wird traditionell aufgerollt und mit einem Spritzer Zitronensaft und frischer Petersilie serviert.

87. Bazlama

ZUTATEN:
- 4 Tassen Allzweckmehl
- 2 Teelöffel Instanthefe
- 1 Teelöffel Zucker
- 1 Teelöffel Salz
- 1 ½ Tassen warmes Wasser
- 2 Esslöffel Olivenöl

ANWEISUNGEN:

a) In einer kleinen Schüssel warmes Wasser, Zucker und Instanthefe vermischen. Lassen Sie es etwa 5 Minuten ruhen, bis es schaumig wird.

b) In einer großen Rührschüssel Mehl und Salz vermischen. Machen Sie in der Mitte eine Mulde und gießen Sie die Hefemischung und das Olivenöl hinein. Mit einem Holzlöffel oder den Händen verrühren, bis ein zottiger Teig entsteht.

c) Den Teig auf eine bemehlte Arbeitsfläche geben und etwa 5-7 Minuten lang kneten, bis er glatt und elastisch wird. Sollte der Teig zu klebrig sein, können Sie während des Knetvorgangs noch etwas Mehl hinzufügen.

d) Den gekneteten Teig zurück in die Rührschüssel geben und mit einem feuchten Tuch abdecken. Lassen Sie es an einem warmen Ort etwa 1-2 Stunden lang gehen oder bis es sein Volumen verdoppelt hat.

e) Sobald der Teig aufgegangen ist, schlagen Sie ihn fest, um eventuelle Luftblasen zu entfernen. Den Teig je nach gewünschter Bazlama-Größe in gleich große Portionen aufteilen.

f) Nehmen Sie eine Portion Teig und rollen Sie ihn rund oder oval aus, etwa ¼ Zoll dick. Mit den restlichen Teigportionen wiederholen.

g) Erhitzen Sie eine Grillplatte oder eine große beschichtete Pfanne bei mittlerer Hitze. Legen Sie den ausgerollten Teig auf die erhitzte Oberfläche und backen Sie ihn auf jeder Seite etwa 2–3 Minuten lang oder bis er leicht aufgeht und goldbraune Flecken bildet.

h) Nehmen Sie die gekochte Bazlama von der Grillplatte oder der Pfanne und wickeln Sie sie in ein sauberes Küchentuch, damit sie warm und weich bleibt. Den Vorgang mit den restlichen Teigportionen wiederholen.

88.Sırıklı Ekmek

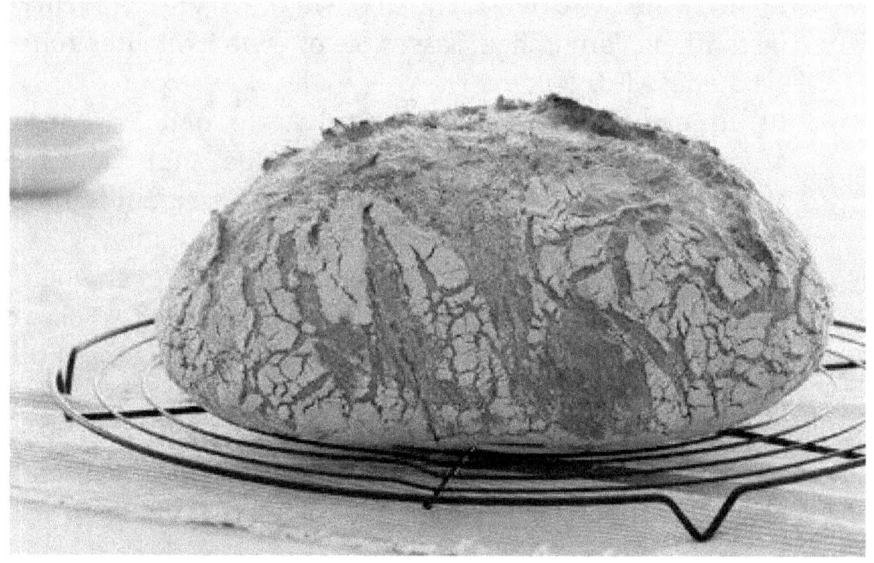

ZUTATEN:
- 4 Tassen Allzweckmehl
- 2 Teelöffel Instanthefe
- 1 Teelöffel Zucker
- 1 Teelöffel Salz
- 1 ½ Tassen warmes Wasser
- 2 Esslöffel Olivenöl
- Sesamsamen (optional, zum Bestreuen)
- Holzspieße (in Wasser eingeweicht, um ein Anbrennen zu verhindern)

ANWEISUNGEN:
a) In einer kleinen Schüssel warmes Wasser, Zucker und Instanthefe vermischen. Lassen Sie es etwa 5 Minuten ruhen, bis es schaumig wird.
b) In einer großen Rührschüssel Mehl und Salz vermischen. Machen Sie in der Mitte eine Mulde und gießen Sie die Hefemischung und das Olivenöl hinein. Mit einem Holzlöffel oder den Händen verrühren, bis ein zottiger Teig entsteht.
c) Den Teig auf eine bemehlte Arbeitsfläche geben und etwa 5-7 Minuten lang kneten, bis er glatt und elastisch wird. Sollte der Teig zu klebrig sein, können Sie während des Knetvorgangs noch etwas Mehl hinzufügen.
d) Den gekneteten Teig zurück in die Rührschüssel geben und mit einem feuchten Tuch abdecken. Lassen Sie es an einem warmen Ort etwa 1-2 Stunden lang gehen oder bis es sein Volumen verdoppelt hat.
e) Sobald der Teig aufgegangen ist, schlagen Sie ihn fest, um eventuelle Luftblasen zu entfernen. Teilen Sie den Teig in gleich große Portionen.
f) Nehmen Sie eine Portion Teig und rollen Sie ihn zu einem langen, dünnen Rechteck mit einer Dicke von etwa ⅛ Zoll aus.
g) Wickeln Sie den ausgerollten Teig vorsichtig um einen eingeweichten Holzspieß, beginnend an einem Ende und spiralförmig nach oben zum anderen Ende. Drücken Sie die Enden des Teigs fest an, um ihn am Spieß zu befestigen.

h) Den Vorgang mit den restlichen Teigportionen und Spießen wiederholen.

i) Erhitzen Sie einen Grill oder ein Holzkohlefeuer auf mittlere bis hohe Hitze.

j) Legen Sie den aufgespießten Teig auf den Grill oder über das Holzkohlefeuer und drehen Sie ihn gelegentlich, um ein gleichmäßiges Garen zu gewährleisten. Etwa 5-7 Minuten backen, oder bis das Brot goldbraun und knusprig wird.

k) Nach dem Garen das Sırıklı Ekmek vom Spieß nehmen und bei Bedarf Sesamkörner über das Brot streuen.

89.Lavaş

ZUTATEN:
- 4 Tassen Allzweckmehl
- 1 Teelöffel Salz
- 1 ½ Tassen warmes Wasser
- 2 Esslöffel Olivenöl
- Extra Mehl zum Bestäuben

ANWEISUNGEN:
a) Mehl und Salz in einer großen Rührschüssel vermischen, sodass in der Mitte eine Mulde entsteht. Hier geben Sie die anderen Zutaten hinein.
b) Gießen Sie warmes Wasser und Olivenöl in die Mulde. Mischen Sie die feuchten Zutaten nach und nach mit einem Holzlöffel oder Ihren Händen unter das Mehl.
c) Weiter mixen, bis ein grober Teig entsteht. Wenn es sich zu trocken anfühlt, fügen Sie noch etwas Wasser hinzu; Wenn es sich zu klebrig anfühlt, streuen Sie eine kleine Menge Mehl hinein.
d) Übertragen Sie den Teig auf eine saubere, bemehlte Oberfläche und beginnen Sie mit dem Kneten. Schieben Sie den Teig mit dem Handballen von sich weg, falten Sie ihn dann wieder zu sich hin und wiederholen Sie den Vorgang. Kneten Sie den Teig etwa 5–7 Minuten lang weiter, bis er glatt und elastisch ist.
e) Den gekneteten Teig zurück in die Rührschüssel geben und mit einem feuchten Tuch abdecken. Lassen Sie den Teig etwa 30 Minuten ruhen, damit er sich entspannen und leichter verarbeiten kann.
f) Eine beschichtete Pfanne oder Grillplatte bei mittlerer Hitze vorheizen.
g) Den ruhenden Teig in kleinere Portionen aufteilen. Nehmen Sie jeweils eine Portion und rollen Sie sie zu einer dünnen, kreisförmigen Form aus. Bestäuben Sie den Teig nach Bedarf leicht mit Mehl, um ein Ankleben zu verhindern.
h) Übertragen Sie den ausgerollten Teig vorsichtig auf die vorgeheizte Pfanne oder Grillplatte. Auf jeder Seite etwa 1-2 Minuten backen, oder bis das Brot aufgeht und hellbraune Flecken entwickelt. Mit den restlichen Teigportionen wiederholen.

i) Legen Sie die einzelnen Lavaş-Brote nach dem Backen auf ein sauberes Küchentuch, damit sie warm und geschmeidig bleiben.

j) Servieren Sie das frisch gebackene Lavaş-Brot warm, indem Sie es entweder um Füllungen Ihrer Wahl wickeln oder es zusammen mit Dips, Kebabs oder anderen Gerichten servieren.

90.Acı Ekmeği

ZUTATEN:
- 4 Tassen Allzweckmehl
- 2 Teelöffel Instanthefe
- 1 Teelöffel Salz
- 1 Esslöffel Zucker
- 1 Esslöffel gemahlener Kreuzkümmel
- 1 Esslöffel Paprika
- 1 Teelöffel Chiliflocken (nach Geschmack anpassen)
- 1 Teelöffel getrockneter Oregano
- 1 Teelöffel Knoblauchpulver
- 1 Tasse warmes Wasser
- 3 Esslöffel Olivenöl
- Extra Mehl zum Bestäuben

ANWEISUNGEN:
a) In einer großen Rührschüssel Mehl, Instanthefe, Salz, Zucker, Kreuzkümmel, Paprika, Chiliflocken, getrockneten Oregano und Knoblauchpulver vermischen. Gut vermischen, um die Gewürze gleichmäßig zu verteilen.
b) Machen Sie eine Mulde in die Mitte der trockenen Zutaten und gießen Sie das warme Wasser und das Olivenöl hinein.
c) Mischen Sie nach und nach die nassen und trockenen Zutaten mit einem Holzlöffel oder Ihren Händen, bis ein klebriger Teig entsteht.
d) Geben Sie den Teig auf eine leicht bemehlte Arbeitsfläche und kneten Sie ihn etwa 5–7 Minuten lang, bis der Teig glatt und elastisch ist. Sollte der Teig zu klebrig sein, geben Sie während des Knetvorgangs noch etwas Mehl hinzu.
e) Geben Sie den gekneteten Teig zurück in die Rührschüssel, decken Sie ihn mit einem feuchten Tuch ab und lassen Sie ihn an einem warmen Ort etwa 1–2 Stunden lang gehen, bis er sein Volumen verdoppelt hat.
f) Heizen Sie Ihren Backofen auf 425 °F (220 °C) vor. Ein Backblech mit Backpapier auslegen.

g) Sobald der Teig aufgegangen ist, schlagen Sie ihn fest, um eventuelle Luftblasen zu entfernen. Den Teig auf eine bemehlte Fläche geben und in gleich große Portionen teilen.

h) Nehmen Sie eine Portion Teig und formen Sie daraus einen runden oder ovalen Laib. Auf das vorbereitete Backblech legen. Wiederholen Sie den Vorgang mit den restlichen Teigportionen und lassen Sie zwischen den einzelnen Laiben etwas Platz.

i) Mit einem scharfen Messer die Oberseite der Brote diagonal einschneiden.

j) Backen Sie das Acı Ekmeği im vorgeheizten Ofen etwa 15–20 Minuten lang oder bis das Brot goldbraun ist und beim Klopfen auf den Boden hohl klingt.

k) Nach dem Backen das Brot aus dem Ofen nehmen und auf einem Kuchengitter abkühlen lassen.

91.Peksimet

ZUTATEN:
- Alte Brotscheiben
- Honig, Traubensirup oder Melasse (optional)
- Sesamsamen oder Zimt (optional)

ANWEISUNGEN:

a) Heizen Sie Ihren Backofen auf die niedrigste Temperaturstufe vor, normalerweise etwa 200 °F (93 °C).

b) Das altbackene Brot in dünne Stücke schneiden. Sie können sie in jede gewünschte Form schneiden, beispielsweise in Quadrate oder Rechtecke.

c) Ordnen Sie die Brotscheiben in einer Schicht auf einem Backblech an und achten Sie darauf, dass sie sich nicht überlappen. Je nach Brotmenge benötigen Sie möglicherweise mehrere Backbleche oder backen in mehreren Portionen.

d) Legen Sie die Backbleche in den vorgeheizten Ofen und lassen Sie die Brotscheiben etwa 2-3 Stunden lang backen, oder bis sie vollständig trocken und knusprig sind. Die Backzeit kann je nach Dicke des Brotes und gewünschter Knusprigkeit variieren.

e) Sobald die Brotscheiben trocken und knusprig sind, nehmen Sie sie aus dem Ofen und lassen Sie sie vollständig abkühlen.

f) An diesem Punkt können Sie das einfache Peksimet so genießen, wie es ist, oder bei Bedarf einige Aromen hinzufügen. Für einen Hauch von Süße können Sie das Peksimet noch warm mit Honig, Traubensirup oder Melasse bestreichen.

g) Alternativ können Sie für zusätzlichen Geschmack Sesam oder Zimt über das Peksimet streuen.

h) Lassen Sie das Peksimet vollständig abkühlen und trocknen, bevor Sie es in einem luftdichten Behälter aufbewahren. Beim Abkühlen werden sie noch knuspriger.

92.Cevizli Ekmek

ZUTATEN:
- 4 Tassen Allzweckmehl
- 2 Teelöffel Instanthefe
- 1 Teelöffel Salz
- 1 Esslöffel Zucker
- 1 ½ Tassen warmes Wasser
- ½ Tasse gehackte Walnüsse
- Extra Mehl zum Bestäuben

ANWEISUNGEN:

a) In einer großen Rührschüssel Mehl, Instanthefe, Salz und Zucker vermischen. Gut vermischen, um die trockenen Zutaten gleichmäßig zu verteilen.

b) Machen Sie in der Mitte der trockenen Mischung eine Mulde und gießen Sie das warme Wasser hinein. Rühren Sie die Mischung um, bis sie anfängt, sich zu verbinden.

c) Geben Sie den Teig auf eine saubere, bemehlte Oberfläche und kneten Sie ihn etwa 5–7 Minuten lang, bis der Teig glatt und elastisch ist.

d) Fügen Sie bei Bedarf mehr Mehl hinzu, um ein Anhaften zu verhindern.

e) Sobald der Teig gut geknetet ist, geben Sie ihn zurück in die Rührschüssel. Decken Sie die Schüssel mit einem feuchten Tuch ab und lassen Sie den Teig etwa 1–2 Stunden lang an einem warmen Ort gehen, bis er sein Volumen verdoppelt hat.

f) Heizen Sie Ihren Backofen auf 425 °F (220 °C) vor. Ein Backblech mit Backpapier auslegen.

g) Sobald der Teig aufgegangen ist, schlagen Sie ihn fest, um eventuelle Luftblasen zu entfernen. Geben Sie den Teig auf eine bemehlte Fläche und drücken Sie ihn zu einem Rechteck oder Oval flach.

h) Streuen Sie die gehackten Walnüsse gleichmäßig über die Teigoberfläche. Drücken Sie die Walnüsse vorsichtig in den Teig, damit sie haften.

i) Rollen Sie den Teig von einem Ende her fest auf, so dass eine Klotzform entsteht, in der sich die Walnüsse befinden. Drücken Sie die Nähte und Enden zusammen, um sie abzudichten.

j) Den geformten Teig auf das vorbereitete Backblech legen. Decken Sie es mit einem sauberen Tuch ab und lassen Sie es etwa 15 bis 20 Minuten ruhen.

k) Backen Sie das Cevizli Ekmek im vorgeheizten Ofen etwa 25 bis 30 Minuten lang oder bis das Brot goldbraun ist und beim Klopfen auf den Boden hohl klingt.

l) Nehmen Sie das Brot nach dem Backen aus dem Ofen und lassen Sie es auf einem Kuchengitter abkühlen, bevor Sie es in Scheiben schneiden und servieren.

93.Yufka

ZUTATEN:
- 4 Tassen Allzweckmehl
- 1 Teelöffel Salz
- 1 ½ Tassen warmes Wasser
- 2 Esslöffel Olivenöl
- Extra Mehl zum Bestäuben

ANWEISUNGEN:
a) In einer großen Rührschüssel Mehl und Salz vermischen. Erstellen Sie einen Brunnen in der Mitte.
b) Gießen Sie warmes Wasser und Olivenöl in die Mulde. Mischen Sie die feuchten Zutaten nach und nach mit einem Holzlöffel oder Ihren Händen unter das Mehl.
c) Weiter mixen, bis ein grober Teig entsteht. Wenn es sich zu trocken anfühlt, fügen Sie noch etwas Wasser hinzu; Wenn es sich zu klebrig anfühlt, streuen Sie eine kleine Menge Mehl hinein.
d) Geben Sie den Teig auf eine saubere, bemehlte Oberfläche und kneten Sie ihn etwa 5–7 Minuten lang, bis der Teig glatt und elastisch ist.
e) Teilen Sie den gekneteten Teig in kleinere Portionen. Jede Portion zu einer Kugel formen und mit einem feuchten Tuch abdecken. Lassen Sie sie etwa 15–20 Minuten ruhen, um das Gluten zu entspannen.
f) Nehmen Sie nach dem Ruhen eine Teigkugel und drücken Sie sie mit den Händen flach, sodass eine kleine Scheibe entsteht.
g) Bestäuben Sie die Arbeitsfläche mit Mehl und rollen Sie die Teigscheibe möglichst dünn aus. Drehen und wenden Sie den Teig häufig, um eine gleichmäßige Dicke zu gewährleisten.
h) Heben Sie den Yufka nach dem Ausrollen vorsichtig an und legen Sie ihn zum leichten Trocknen auf ein sauberes, trockenes Tuch oder Backblech. Wiederholen Sie den Vorgang mit den restlichen Teigkugeln.
i) Lassen Sie den Yufka etwa 10–15 Minuten lang trocknen, oder bis er sich nicht mehr klebrig anfühlt.

j) Erhitzen Sie eine beschichtete Pfanne oder Grillplatte bei mittlerer Hitze. Kochen Sie jeden Yufka auf jeder Seite etwa 1–2 Minuten lang oder bis sich leicht goldbraune Flecken bilden.

k) Stapeln Sie die fertigen Yufkas auf ein sauberes Küchentuch, damit sie warm und geschmeidig bleiben.

94.Pide Ekmek

ZUTATEN:
- 4 Tassen Allzweckmehl
- 2 Teelöffel Instanthefe
- 2 Teelöffel Zucker
- 2 Teelöffel Salz
- 2 Esslöffel Olivenöl
- 1 ½ Tassen warmes Wasser
- Optionale Toppings: Sesamsamen, Schwarzkümmelsamen oder andere gewünschte Toppings

ANWEISUNGEN:

a) In einer kleinen Schüssel warmes Wasser, Zucker und Instanthefe vermischen. Gut umrühren und etwa 5–10 Minuten ruhen lassen, oder bis die Mischung schaumig wird.

b) In einer großen Rührschüssel Mehl und Salz vermischen. Machen Sie in der Mitte eine Mulde und gießen Sie die Hefemischung und das Olivenöl hinein.

c) Das Mehl nach und nach in die Flüssigkeit einarbeiten und mit einem Löffel oder den Händen verrühren, bis ein Teig entsteht.

d) Geben Sie den Teig auf eine bemehlte Oberfläche und kneten Sie ihn etwa 10 Minuten lang oder bis er glatt und elastisch ist. Fügen Sie bei Bedarf mehr Mehl hinzu, um ein Ankleben zu verhindern, aber vermeiden Sie die Zugabe von zu viel, da das Brot dadurch dichter werden kann.

e) Geben Sie den Teig in eine leicht geölte Schüssel, decken Sie ihn mit einem feuchten Tuch oder einer Plastikfolie ab und lassen Sie ihn an einem warmen Ort etwa 1–2 Stunden lang gehen, oder bis er sein Volumen verdoppelt hat.

f) Heizen Sie Ihren Backofen auf 475 °F (245 °C) vor und legen Sie ein Backblech mit Backpapier aus.

g) Den aufgegangenen Teig gut durchkneten, um eventuelle Luftblasen zu entfernen, und ihn in vier gleich große Portionen teilen. Formen Sie jede Portion zu einem länglichen Oval mit einer Dicke von etwa 1 cm.

h) Legen Sie die geformten Pide-Brote auf das vorbereitete Backblech. Bei Bedarf können Sie die Oberfläche mit Olivenöl bestreichen und mit Sesam, Schwarzkümmelsamen oder anderen gewünschten Toppings bestreuen.

i) Backen Sie die Pide-Brote im vorgeheizten Ofen etwa 12–15 Minuten lang oder bis sie goldbraun werden und eine leichte Kruste bilden.

j) Nehmen Sie die Pide-Brote aus dem Ofen und lassen Sie sie vor dem Servieren einige Minuten abkühlen.

95.Vakfıkebir Ekmeği

ZUTATEN:
- 4 Tassen Brotmehl
- 2 Teelöffel Instanthefe
- 2 Teelöffel Zucker
- 2 Teelöffel Salz
- 2 Esslöffel Olivenöl
- 1 ½ Tassen warmes Wasser

ANWEISUNGEN:
a) In einer kleinen Schüssel warmes Wasser, Zucker und Instanthefe vermischen. Gut umrühren und etwa 5–10 Minuten ruhen lassen, oder bis die Mischung schaumig wird.
b) In einer großen Rührschüssel Brotmehl und Salz vermischen. Machen Sie in der Mitte eine Mulde und gießen Sie die Hefemischung und das Olivenöl hinein.
c) Nach und nach das Mehl in die Flüssigkeit einarbeiten und mit einem Löffel oder den Händen verrühren, bis ein zottiger Teig entsteht.
d) Geben Sie den Teig auf eine bemehlte Oberfläche und kneten Sie ihn etwa 10 Minuten lang oder bis er glatt und elastisch ist. Fügen Sie bei Bedarf mehr Mehl hinzu, um ein Ankleben zu verhindern, aber vermeiden Sie die Zugabe von zu viel, da das Brot dadurch dichter werden kann.
e) Geben Sie den Teig in eine leicht geölte Schüssel, decken Sie ihn mit einem feuchten Tuch oder einer Plastikfolie ab und lassen Sie ihn an einem warmen Ort etwa 1–2 Stunden lang gehen, oder bis er sein Volumen verdoppelt hat.
f) Heizen Sie Ihren Backofen auf 425 °F (220 °C) vor und legen Sie zum Vorheizen einen Backstein oder ein Backblech in den Ofen.
g) Den aufgegangenen Teig gut durchkneten, um eventuelle Luftblasen zu entfernen, und ihn zu einem runden oder ovalen Laib formen. Den Laib auf ein mit Backpapier ausgelegtes Backblech legen.
h) Decken Sie den Teig mit einem feuchten Tuch ab und lassen Sie ihn etwa 15–20 Minuten ruhen.

i) Entfernen Sie das Tuch und ritzen Sie die Oberseite des Laibs mit einem scharfen Messer oder einer Brotschneidemaschine mit ein paar diagonalen Schnitten ein.

j) Übertragen Sie das Backblech mit dem Laib vorsichtig auf den vorgeheizten Backstein oder das Backblech im Ofen.

k) Backen Sie das Brot etwa 30–35 Minuten lang oder bis die Kruste goldbraun wird und hohl klingt, wenn Sie auf den Boden klopfen.

l) Nehmen Sie das Brot aus dem Ofen und lassen Sie es auf einem Kuchengitter abkühlen, bevor Sie es in Scheiben schneiden und servieren.

96.Karadeniz Yöresi Ekmeği

ZUTATEN:
- 4 Tassen Brotmehl
- 2 Teelöffel Instanthefe
- 2 Teelöffel Zucker
- 2 Teelöffel Salz
- 2 Esslöffel Olivenöl oder Sonnenblumenöl
- 1 ½ Tassen warmes Wasser

ANWEISUNGEN:

a) In einer kleinen Schüssel warmes Wasser, Zucker und Instanthefe vermischen. Gut umrühren und etwa 5–10 Minuten ruhen lassen, oder bis die Mischung schaumig wird.

b) In einer großen Rührschüssel Brotmehl und Salz vermischen. Machen Sie in der Mitte eine Mulde und gießen Sie die Hefemischung und das Olivenöl hinein.

c) Nach und nach das Mehl in die Flüssigkeit einarbeiten und mit einem Löffel oder den Händen verrühren, bis ein zottiger Teig entsteht.

d) Geben Sie den Teig auf eine bemehlte Oberfläche und kneten Sie ihn etwa 10 Minuten lang oder bis er glatt und elastisch ist. Fügen Sie bei Bedarf mehr Mehl hinzu, um ein Ankleben zu verhindern, aber vermeiden Sie die Zugabe von zu viel, da das Brot dadurch dichter werden kann.

e) Geben Sie den Teig in eine leicht geölte Schüssel, decken Sie ihn mit einem feuchten Tuch oder einer Plastikfolie ab und lassen Sie ihn an einem warmen Ort etwa 1–2 Stunden lang gehen, oder bis er sein Volumen verdoppelt hat.

f) Heizen Sie Ihren Backofen auf 425 °F (220 °C) vor und legen Sie zum Vorheizen einen Backstein oder ein Backblech in den Ofen.

g) Den aufgegangenen Teig gut durchkneten, um eventuelle Luftblasen zu entfernen, und ihn zu einem runden oder ovalen Laib formen. Sie können daraus auch ein traditionelles Karadeniz Yöresi Ekmeği formen, indem Sie den Teig in kleinere Stücke teilen und diese zu länglichen Formen mit spitz zulaufenden Enden formen.

h) Den geformten Teig auf ein mit Backpapier ausgelegtes Backblech legen.

i) Decken Sie den Teig mit einem feuchten Tuch ab und lassen Sie ihn etwa 15–20 Minuten ruhen.

j) Entfernen Sie das Tuch und ritzen Sie die Oberseite des Laibs mit einem scharfen Messer oder einer Brotschneidemaschine mit ein paar diagonalen Schnitten ein oder erstellen Sie bei Bedarf ein Muster.

k) Übertragen Sie das Backblech mit dem Laib vorsichtig auf den vorgeheizten Backstein oder das Backblech im Ofen.

l) Backen Sie das Brot etwa 30–35 Minuten lang oder bis die Kruste goldbraun wird und hohl klingt, wenn Sie auf den Boden klopfen.

m) Nehmen Sie das Brot aus dem Ofen und lassen Sie es auf einem Kuchengitter abkühlen, bevor Sie es in Scheiben schneiden und servieren.

97.Köy Ekmeği

ZUTATEN:
- 4 Tassen Brotmehl
- 2 Teelöffel Instanthefe
- 2 Teelöffel Salz
- 2 Teelöffel Zucker
- 2 Tassen lauwarmes Wasser

ANWEISUNGEN:
a) In einer kleinen Schüssel lauwarmes Wasser, Zucker und Instanthefe vermischen. Gut umrühren und etwa 5–10 Minuten ruhen lassen, oder bis die Mischung schaumig wird.
b) In einer großen Rührschüssel Brotmehl und Salz vermischen. In die Mitte eine Mulde drücken und die Hefemischung hineingießen.
c) Nach und nach das Mehl in die Flüssigkeit einarbeiten und mit einem Löffel oder den Händen verrühren, bis ein zottiger Teig entsteht.
d) Geben Sie den Teig auf eine bemehlte Arbeitsfläche und kneten Sie ihn etwa 10–15 Minuten lang oder bis er glatt und elastisch ist. Fügen Sie bei Bedarf mehr Mehl hinzu, um ein Ankleben zu verhindern, aber vermeiden Sie die Zugabe von zu viel, da das Brot dadurch dichter werden kann.
e) Geben Sie den Teig in eine leicht geölte Schüssel, decken Sie ihn mit einem feuchten Tuch oder einer Plastikfolie ab und lassen Sie ihn an einem warmen Ort etwa 1–2 Stunden lang gehen, oder bis er sein Volumen verdoppelt hat.
f) Heizen Sie Ihren Backofen auf 450 °F (230 °C) vor und legen Sie zum Vorheizen einen Backstein oder ein Backblech in den Ofen.
g) Den aufgegangenen Teig gut durchkneten, um eventuelle Luftblasen zu entfernen, und ihn zu einem runden oder ovalen Laib formen. Sie können den Teig auch in kleinere Portionen teilen und diese nach Wunsch zu einzelnen Rollen formen.
h) Den geformten Teig auf ein mit Backpapier ausgelegtes Backblech legen.
i) Decken Sie den Teig mit einem feuchten Tuch ab und lassen Sie ihn etwa 15–20 Minuten ruhen.

j)   Entfernen Sie das Tuch und ritzen Sie die Oberseite des Laibs mit einem scharfen Messer oder einer Brotschneidemaschine mit ein paar diagonalen Schnitten ein oder erstellen Sie bei Bedarf ein Muster.

k)   Übertragen Sie das Backblech mit dem Laib vorsichtig auf den vorgeheizten Backstein oder das Backblech im Ofen.

l)   Backen Sie das Brot etwa 30–35 Minuten lang oder bis die Kruste goldbraun wird und hohl klingt, wenn Sie auf den Boden klopfen.

m)   Nehmen Sie das Brot aus dem Ofen und lassen Sie es auf einem Kuchengitter abkühlen, bevor Sie es in Scheiben schneiden und servieren.

98.Tost Ekmeği

ZUTATEN:
- 4 Tassen Brotmehl
- 2 Teelöffel Instanthefe
- 2 Teelöffel Zucker
- 2 Teelöffel Salz
- 2 Esslöffel Olivenöl
- 1 ½ Tassen warmes Wasser

ANWEISUNGEN:

a) In einer großen Rührschüssel Brotmehl, Instanthefe, Zucker und Salz vermischen. Gut vermischen, um die trockenen Zutaten gleichmäßig zu verteilen.

b) Das Olivenöl zu den trockenen Zutaten geben und vermischen.

c) Unter Rühren nach und nach das warme Wasser in die Schüssel gießen. Mischen Sie weiter, bis sich der Teig zusammenfügt.

d) Geben Sie den Teig auf eine leicht bemehlte Oberfläche und kneten Sie ihn etwa 10–15 Minuten lang oder bis er glatt und elastisch ist. Fügen Sie bei Bedarf mehr Mehl hinzu, um ein Ankleben zu verhindern, aber vermeiden Sie die Zugabe von zu viel, da das Brot dadurch dichter werden kann.

e) Den Teig zu einer Kugel formen und zurück in die Rührschüssel geben. Decken Sie die Schüssel mit einem feuchten Tuch oder einer Plastikfolie ab und lassen Sie den Teig an einem warmen Ort etwa 1–2 Stunden lang gehen, oder bis er sein Volumen verdoppelt hat.

f) Sobald der Teig aufgegangen ist, schlagen Sie ihn fest, um eventuelle Luftblasen zu entfernen. Geben Sie den Teig auf eine leicht bemehlte Arbeitsfläche und teilen Sie ihn je nach gewünschter Größe Ihres Tost Ekmeği in gleich große Portionen auf.

g) Formen Sie jede Portion zu einer Kugel und drücken Sie sie dann zu einem etwa 1 cm dicken Rechteck flach. Um die gewünschte Form und Dicke zu erreichen, können Sie ein Nudelholz verwenden.

h) Die ausgebreiteten Teigstücke auf ein mit Backpapier ausgelegtes Backblech legen. Mit einem Tuch abdecken und etwa 15–20 Minuten ruhen lassen.

i) Heizen Sie Ihren Backofen auf 400 °F (200 °C) vor.

j) Backen Sie die Tost Ekmeği im vorgeheizten Ofen etwa 15 bis 20 Minuten lang oder bis sie goldbraun werden und hohl klingen, wenn Sie auf den Boden klopfen.

k) Nehmen Sie das Brot aus dem Ofen und lassen Sie es auf einem Kuchengitter abkühlen, bevor Sie es in Scheiben schneiden und für Sandwiches oder Toast verwenden.

99.Kaşarlı Ekmek

ZUTATEN:

- 4 Tassen Brotmehl
- 2 Teelöffel Instanthefe
- 2 Teelöffel Zucker
- 2 Teelöffel Salz
- 2 Esslöffel Olivenöl
- 1 ½ Tassen warmes Wasser
- 200 Gramm veganer Schmelzkäse, gerieben
- Optional: Nigellasamen oder Sesamsamen zum Bestreuen

ANWEISUNGEN:

a) In einer großen Rührschüssel Brotmehl, Instanthefe, Zucker und Salz vermischen. Sorgen Sie für eine gleichmäßige Verteilung der trockenen Zutaten.

b) Fügen Sie der trockenen Mischung das Olivenöl hinzu und vermischen Sie es gründlich.

c) Unter Rühren nach und nach das warme Wasser in die Schüssel gießen. Mischen Sie weiter, bis sich der Teig zusammenfügt.

d) Den Teig auf eine leicht bemehlte Oberfläche geben und 10–15 Minuten lang kneten, bis er glatt und elastisch ist. Geben Sie bei Bedarf mehr Mehl hinzu und vermeiden Sie übermäßige Mengen, die das Brot dicker machen könnten.

e) Den Teig zu einer Kugel formen, zurück in die Schüssel geben und mit einem feuchten Tuch oder einer Plastikfolie abdecken. An einem warmen Ort 1–2 Stunden gehen lassen, bis sich das Volumen verdoppelt hat.

f) Sobald der Teig aufgegangen ist, schlagen Sie ihn fest, um Luftblasen zu entfernen. Teilen Sie es je nach gewünschter Brotgröße in gleich große Portionen auf.

g) Nehmen Sie eine Portion, drücken Sie sie zu einem Kreis oder Oval (ca. ½ Zoll dick) flach und streuen Sie großzügig geriebenen veganen Käse auf eine Hälfte, sodass ein Rand übrig bleibt.

h) Falten Sie die andere Hälfte über den Käse und drücken Sie die Ränder fest, um sie zu verschließen.

i) Legen Sie das gefüllte Brot auf ein mit Backpapier ausgelegtes Backblech. Mit den restlichen Teigportionen und Käse wiederholen.
j) Optional: Bestreichen Sie die Oberseite mit einem pflanzlichen Ei-Ersatz und bestreuen Sie ihn mit Schwarzkümmelsamen oder Sesamsamen, um ihm mehr Geschmack und eine ansprechende Optik zu verleihen.
k) Heizen Sie den Ofen auf 400 °F (200 °C) vor.
l) Backen Sie den veganen Kaşarlı Ekmek 15–20 Minuten lang oder bis er goldbraun ist, mit geschmolzenem und sprudelndem Käse.
m) Aus dem Ofen nehmen und vor dem Servieren etwas abkühlen lassen. Genießen Sie die köstliche pflanzliche Variante dieses türkischen Klassikers!

100.Kete

ZUTATEN:
- 4 Tassen Allzweckmehl
- 1 Teelöffel Salz
- 1 Teelöffel Zucker
- 1 Esslöffel aktive Trockenhefe
- 1 Tasse warme Milch
- ½ Tasse Pflanzenöl
- 1 Ei, geschlagen (zum Waschen der Eier)
- Sesamsamen (zum Bestreuen)

ANWEISUNGEN:
a) In einer großen Rührschüssel Mehl, Salz und Zucker vermischen und gründlich vermischen.
b) In einer separaten kleinen Schüssel die Hefe in der warmen Milch auflösen. Lassen Sie es etwa 5 Minuten ruhen, bis die Hefe schaumig wird.
c) Machen Sie eine Mulde in der Mitte der Mehlmischung und gießen Sie die Hefemischung und das Pflanzenöl hinein. Mit einem Löffel oder den Händen verrühren, bis ein weicher Teig entsteht.
d) Den Teig auf eine leicht bemehlte Arbeitsfläche geben und etwa 10 Minuten lang kneten, bis er glatt und elastisch wird. Fügen Sie bei Bedarf mehr Mehl hinzu, um ein Anhaften zu verhindern.
e) Geben Sie den Teig zurück in die Rührschüssel, decken Sie ihn mit einem feuchten Tuch ab und lassen Sie ihn 1–2 Stunden lang an einem warmen Ort gehen, oder bis er sein Volumen verdoppelt hat.
f) Nachdem der Teig aufgegangen ist, schlagen Sie ihn fest, um eventuelle Luftblasen zu entfernen. Teilen Sie den Teig entsprechend der gewünschten Kete-Größe in gleich große Portionen auf.
g) Nehmen Sie eine Portion und rollen Sie sie zu einer dünnen, rechteckigen Form mit einer Dicke von etwa 0,5 cm aus.
h) Bestreichen Sie die Oberfläche des ausgerollten Teigs mit dem verquirlten Ei und lassen Sie an den Rändern einen kleinen Rand frei.

i) Beginnen Sie an einem Ende und rollen Sie den Teig fest in eine Klotzform, ähnlich einer Biskuitrolle.
j) Dehnen Sie den ausgerollten Teig vorsichtig an beiden Enden, sodass er länger und dünner wird.
k) Nehmen Sie ein Ende des gedehnten Teigs und drehen Sie ihn spiralförmig, ähnlich einer Zimtschnecke. Drehen Sie weiter, bis Sie das andere Ende erreichen.
l) Den Vorgang mit den restlichen Teigportionen wiederholen.
m) Heizen Sie Ihren Backofen auf 375 °F (190 °C) vor und legen Sie ein Backblech mit Backpapier aus.
n) Legen Sie die gedrehten Kete-Brote auf das vorbereitete Backblech. Die Oberfläche mit dem verquirlten Ei bestreichen und die Sesamkörner darüberstreuen.
o) Backen Sie das Kete im vorgeheizten Ofen 20–25 Minuten lang oder bis die Kruste goldbraun wird und das Brot durchgebacken ist.
p) Nehmen Sie das Brot aus dem Ofen und lassen Sie es vor dem Servieren auf einem Kuchengitter abkühlen. Genießen Sie Ihr hausgemachtes Kete!

ABSCHLUSS

Zum Abschluss unserer geschmackvollen Reise durch „Die Kunst, veganes Brot zu Hause zu backen" hoffen wir, dass Sie die Freude und Befriedigung erlebt haben, köstliches veganes Brot in Ihrer eigenen Küche zuzubereiten. Jedes Rezept auf diesen Seiten ist eine Hommage an die Kunstfertigkeit, den Geschmack und die tierversuchsfreie Güte, die veganes Backen auf Ihren Tisch bringt – ein Beweis für die endlosen Möglichkeiten in der Welt des Brotbackens auf pflanzlicher Basis.

Egal, ob Sie die Einfachheit eines klassischen Sandwichbrots genossen, die Würze eines Sauerteigs genossen oder sich die Süße eines Frühstücksgenusses gegönnt haben, wir sind davon überzeugt, dass diese 100 Rezepte Sie dazu inspiriert haben, Ihre Fähigkeiten im veganen Brotbacken zu verbessern. Möge das Konzept, veganes Brot zu backen, über die Zutaten und Techniken hinaus eine Quelle der Freude und Kreativität und ein köstlicher Beitrag zu einem mitfühlenden Lebensstil werden.

Möge „Die Kunst, veganes Brot zu Hause zu backen" Ihr vertrauenswürdiger Begleiter sein, während Sie weiterhin die Welt des veganen Backens erkunden und Sie durch eine Vielzahl köstlicher Optionen führen, die das Backen veganen Brotes zu einem köstlichen und befriedigenden Erlebnis machen. Lernen Sie die Kunst des veganen Brotes kennen und genießen Sie die Vorzüge pflanzlicher Brote – viel Spaß beim Backen!

www.ingramcontent.com/pod-product-compliance
Lightning Source LLC
Chambersburg PA
CBHW071303110526
44591CB00010B/761